U0502591

格格不入

奥默罗德的经济学思维

[英] 保罗·奥默罗德（Paul Ormerod） 著

高李义 译

中国科学技术出版社

·北 京·

Against the Grain: Insights from an Economic Contrarian by Paul Ormerod/ISBN: 978-0255367554.

First published in Great Britain in 2018 by The Institute of Economic Affairs in association with London Publishing Partnership Ltd.

Copyright © The Institute of Economic Affairs 2018.

The simplified Chinese translation rights arranged through Rightol Media（本书中文简体版权经由锐拓传媒取得 Email: copyright@rightol.com）

北京市版权局著作权合同登记 图字：01-2020-6126。

图书在版编目（CIP）数据

格格不入：奥默罗德的经济学思维 /（英）保罗·奥默罗德著；高李义译 . —北京：中国科学技术出版社，2020.9

书名原文：Against the Grain: Insights from an Economic Contrarian

ISBN 978-7-5046-8763-0

I. ①格… II. ①保… ②高… III. ①经济学—研究 IV. ① F0-53

中国版本图书馆 CIP 数据核字（2020）第 164057 号

策划编辑	田　睿　赵　嵘
责任编辑	陈　洁
封面设计	马筱琨
版式设计	锋尚设计
责任校对	吕传新
责任印制	李晓霖

出　　版	中国科学技术出版社
发　　行	中国科学技术出版社有限公司发行部
地　　址	北京市海淀区中关村南大街 16 号
邮　　编	100081
发行电话	010-62173865
传　　真	010-62173081
网　　址	http://www.cspbooks.com.cn

开　　本	880mm×1230mm　1/32
字　　数	140 千字
印　　张	7.5
版　　次	2020 年 9 月第 1 版
印　　次	2020 年 9 月第 1 次印刷
印　　刷	北京盛通印刷股份有限公司
书　　号	ISBN 978-7-5046-8763-0/F·900
定　　价	79.00 元

关于作者

保罗·奥默罗德，经济学家、作家、企业家。目前，他是伦敦大学学院的客座教授，指导机器学习专业的研究生。保罗曾在剑桥大学攻读经济学，并获得牛津大学经济学硕士学位。他于2006年当选英国社会科学院院士，2009年杜伦大学授予他理学博士荣誉称号，以表彰其对经济学所做的杰出贡献。除了经济学期刊，他还在《自然》（*Nature*）、《美国科学院院报》（*Proceedings of the National Academy of Sciences*）、《伦敦皇家学会学报B辑》（*Proceedings of the Royal Society of London B*）以及《进化与人类行为》（*Evolution and Human Behavior*）等刊物上发表过文章。保罗已经出版了四本经济学方面的畅销书：《经济学之死》（*Death of Economics*）、《蝴蝶效应学》（*Butterfly Economics*）、《达尔文经济学》（*Why Most Things Fail：Evolution，Extinction and Economics*）以及《积极的联系：网络如何使世界发生革命性剧变》（*Positive Linking：How Networks Can Revolutionise the World*）。他还曾多次为经济事务研究所撰稿。他是英国亨雷预测中心有限公司的创始人之一，20世纪90年代该公司的管理层将其出售给了马丁·索罗英国购物车制造公司（Wire & Plastic Products，缩写为WPP）。

前　　言

自2012年以来，保罗·奥默罗德就一直在保证《金融城早报》(City A.M.) 的数十万读者在前往伦敦的通勤途中，能够得到一次短暂、强烈而浓缩的清晨刺激。

保罗的专栏原名为《格格不入》(Against the Grain)。对于每周发表的篇幅仅为几百个词的文章来说，这是一个合适的标题。文章为经济学理论、个人与政策三者之间的关系提供了一个新颖独创、与众不同和发人深省的观点。

我从数位前任主编手中接过了保罗专栏的工作，虽然在我开始这项工作两年半以来，我对报纸进行了一些更改，但令我感到高兴的是，保罗的专栏保留至今。毫无疑问，保罗对继承的财富（或者本例中的特权）的经济意义有一些看法，但我还是无比感激他愿意继续与我们的读者分享他的见解和分析，即使他专栏周围的版面在不断变化。

作为一家报纸，我们感兴趣的主要领域是商业、金融、经济学与政治。我们有保罗这样一位作家，他能够以他无与伦比的方式将这些领域结合在一起。当经济统计数据和预测可以用来支持我们的政客或英国议会及政府里的"书呆子们"想要提出的任何论点时，保罗超越了纷争，并将读者引向不同的观点和全新的视角。

作为一名受人尊敬的学者，他从未对抨击该行业的群体思维或"左倾"倾向加以克制。此举体现了《金融城早报》的价值观，因为我们致力于质疑共识，并忠于作为该报基石的开明的自由市场价值观。

我希望保罗能在未来的岁月里继续与我们同行，我们期待着尚未撰写的专栏文章的同时，还可以从容不迫地汲取他的智慧，这多亏了及时整理他的供稿这一重要的努力。

好奇的读者将会对当今最重要的一些问题，如自动化、生产力、经济增长、资本主义的未来以及人工智能的崛起产生新的想法。如果您对传统智慧感兴趣，我向您推荐本书，并感谢保罗多年来为《金融城早报》所做的巨大贡献。

克里斯蒂安·梅（Christian May）

《金融城早报》主编

2018年1月

目　　录

3 不确定性与知识的局限性

4 创新

5 网络

6 宏观经济学

1

引言

2012年夏天，我受邀为《金融城早报》撰写《每周观点》专栏。这是一份专注于商业信息的免费报纸，创立于2005年，在伦敦和伦敦周围各郡的250多个通勤中心以及伦敦金融城、金丝雀码头和其他商业集中区的1600个办公室均有发行。该报纸在伦敦金融城早报网站（www.cityam.com）上具有极强的影响力。

大体而言，该报的主要观点是支持自由市场经济、资本主义与私营企业。

因此，我的专栏文章选集得到经济事务研究所的支持和出版，是非常合理的。[1] 正如《金融城早报》2008年至2014年的主编、现任《英国星期日电讯报》（*The Sunday Telegraph*）主编的阿利斯特·希思（Allister Heath）写的那样："英国经济事务研究所是将优秀的经济分析应用于公共政策的中心地。"

将阿利斯特·希思的陈述作为对我的专栏目标的描述简直再好不过了。我试图在每周500词篇幅的文章中，阐明一个政治经济学领域的当代问题。

我有意使用"政治经济学"一词而非"经济学"。18世纪末19世纪初，政治经济学的伟大奠基者，例如亚

格格不入
经奥默学罗思德维的

---

[1] 我要感谢《金融城早报》在过去几年里刊发我的文章，并感谢英国经济事务研究所将它们重新出版。与这两个组织合作非常愉快。我还要特别感谢来自白金汉大学和英国经济事务研究所的莱恩·沙克尔顿（Len Shackleton）。

当·斯密（Adam Smith）和大卫·李嘉图（David Ricardo），他们认为自己是在解决具有公共意义的广泛问题，而不仅局限于技术分析。

20世纪中叶，诺贝尔奖得主、一位对经济事务研究所具有重大启发意义的人物，弗里德里希·哈耶克（Friedrich Hayek），概述了这样的观点：

一位物理学家如果仅仅作为物理学家，依然可以成为一位一流的物理学家和社会中极具价值的一员。但是，一位经济学家如果仅仅是经济学家，就不可能成为一位伟大的经济学家。我甚至忍不住要补充一点：一位经济学家如果仅仅是经济学家，就算不会成为一个危险人物，也很可能成为一个累赘。

政治经济学的关键任务是科学地理解资本主义作为人类发明的社会和经济体系实际上是如何运作的。

关于本书

本书的各个部分都有简短的引言。此举的目的在于为每一部分的总体主题如何与经济学相契合做好铺垫。

这些讨论绝不是要取代经济学教科书，或者提供有关这一主题的科学文献。它们旨在提供比整体引言更多的关于每个主题的信息。

在每篇文章之前同样有一个简短的注释，描述了它是如何与经济学相契合，并解释了该篇文章的写作背景。

此举的目的是要制定一个结构，使分组后文章的各个部分以这一序列出现。但是不可避免的是，内容之间经常会出现一些重叠，一篇文章的内容会与标题以外的其他标题有关。这反映了一个事实，即现代世界的许多方面都是复杂的，经济学家在分析时需要引用一系列不同的概念。

本书从经济学最强势的领域开始分析。在这一领域中，经济学知识在很大程度上帮助我们理解原本可能令人费解的现象。该领域包括市场结构和刺激措施，这些是以市场为导向的资本主义经济成功的基础。

在这个相对宽泛的标题下，我们可以对各种各样的问题加以分析，文章的范围反映了这一事实。从某种程度上说，这也是本书篇幅最长的一个部分，它反映了市场和刺激措施在经济学中的重要性。

本书其他部分包含的文章涉及的主题要么是经济学仍在非常努力解决的问题，要么是可能需要的新方法。

本书的其中一个部分认可了哈耶克的开创性工作，这一部分分析了关于知识的局限性和人类决策所固有的不确定性。本书的另一部分对此观点进行了单独讨论并且与此部分密切相关的主题是创新。

紧随其后的是标题为"网络"的一组文章。

最后一个部分是我对当前经济学持最严厉批评态度的领域，也是最吸引媒体关注的领域，即宏观经济学。

我不是要在此处详细讨论我对过去五十多年来经济学发展的看法。对此部分感兴趣的读者可以在约翰逊等人（2017）的章节中看到相关内容。但是，一个简短的概述可能既有助于理解将这些文章分成不同部分的基本原理，又有助于为它们的一般主题提供一个宽广的视角。

微观经济学与宏观经济学

与其他学科一样，经济学被分成多种不同的研究领域。其中最重要的领域非常简单。一篇学术论文或者演讲要么是关于"微观"经济学的，要么是关于"宏观"经济学的。

美国幽默作家派翠克·欧克鲁（P. J. O'Rourke）在

他的《吃掉有钱人》（*Eat the Rich*）（O' Rourke，1998）一书中，相当简洁明了地抓住了两者之间的区别：

> 经济学家们确实了解的一件事情是，经济学研究分为两个领域，即"微观经济学"与"宏观经济学"。微观是对个人行为的研究，宏观是对经济整体表现的研究。也就是说，微观经济学关注的是经济学家特别担忧的事情，而宏观经济学关注的是经济学家普遍担忧的事情。

媒体对宏观经济学十分关注。例如，明年的经济（国内生产总值，GDP）会有多大幅度的增长？通货膨胀率会是多少？是否应该放弃紧缩政策？经济学家在这些议题上往往意见不一。

但实际上，大多数经济学研究的领域是微观层面上的。经济学本质上是一种理论，它研究的是在特定的情况下，个体如何在不同的选项之间做出选择。在这一领域，无论是在大学、商业企业、金融市场还是在中央银行，专业经济学家之间的共识远大于分歧。

---

① 本书对于一些国家富裕而另一些国家贫穷的原因进行了非常深刻且有趣的思考。

我对这两个领域的看法很容易概括。在我看来，过去的几十年里，微观经济学已经取得了很大的进步。但是宏观经济学就不一样了，它在一些重要方面已经倒退了。

此外只有一个略显技术性的观点是合适的。上述几个段落提到了个体行为。这一理论不仅仅适用于人类个体。

经济学家经常提及"主体"而非"个体"。他们这么做的目的，是运用一种相当复杂的说法描述经济学家是一个单独的决策单位。所以，决策单位既可以是一个人，也可以是一家公司、一个政府、一家中央银行、一个监管机构。

经济学家意识到，企业是一个复杂的实体。公司内部如何决策是一个复杂的过程。但对于经济学家来说，他们感兴趣的是一家公司的决策如何影响其他经济主体及其员工、股东和供应商等。换句话说，他们感兴趣的是这些决策如何对公司的外部环境产生影响。

因此，我们做了一个简化的假设，把企业看作一个单一的决策单元，一个单一的主体。我们通常将研究公司内部如何做出决策留给其他学科。同样地，正如我们不关心个体的大脑是如何工作的，我们感兴趣的是经济环境下的决策对其他主体产生的影响。我们并非试图对所有的事情做出解释。

经济学有一个非常重大的科学发现。如果不了解这一点，就不可能对许多经济和社会现象做出哪怕是片面的解释。

这可能是整个社会科学中唯一的普遍性规律：主体会对刺激的变化做出反应。换句话说，如果主体所面对的刺激发生变化，主体的行为也可能发生变化。

在日常生活中，有关刺激的一个例子是司机在接近超速摄像机时的行为。即便是对经济学理论持最激烈批评态度的人也很有可能会放慢速度。司机可能一直在超速行驶，因为他认为在高速公路上被警察发现的可能性很低。但是当司机发现有超速摄影机时，他认为被警察发现的可能性会急剧上升。司机面对的刺激已经改变，因此他的行为也随之改变。

以上是一个关于因为被罚款的可能性增加从而产生金钱刺激的例子。但在本书的许多文章中，我给出了非金钱刺激也可以对行为产生强大影响的例子。认为刺激只和价格有关是对经济学的一种讽刺。

与五十年前相比，微观经济学为刺激原则的运作方式提供了比流行的"理性经济人"观点更加丰富、更加现实的观点。

人们普遍认为，这个神秘的个体会坚决地收集大量

信息，并以类似计算机的方式对这些信息进行处理。之后，从旋转的大脑中蹦出对那个个体而且只对那个个体而言最好的决定。经济学对人性的残酷的描述具有一定的道理。但是微观经济学确实已经弱化了锋芒，现在在其理论模型中展现了一幅更加容易识别的人类画像。

我在这里仅举一个例子，这个例子在政策制定领域极具影响力。主体绝对无法了解关于某一特定问题的全部信息，只能获得有限数量的信息。此外，一些主体可能比其他主体了解得更多。

这个概念是由乔治·阿克洛夫（George Akerlof）和约瑟夫·斯蒂格利茨（Joseph Stiglitz）提出的。两位经济学家因开拓性工作而获得诺贝尔奖。相关的新闻稿报道说：

借款人比贷款人更了解他们的还款前景，经理和董事会比股东更了解公司的盈利能力，潜在客户比保险公司更了解他们的事故风险。

监管机构的大量工作都与试图解决"信息不对称"这个问题有关。经济学家喜欢使用夸张的短语，但这仅仅意味着，在特定的情况下，不同的主体可能拥有不同数量的信息。

继诺贝尔奖得主丹尼尔·卡尼曼（Daniel Kahneman）和他的同事阿莫斯·特沃斯基[1]（Amos Tversky）于20世纪70年代的原创性成果之后，行为经济学领域的研究成果出现了爆炸式的增长。行为经济学将理性主体在特定情境下的行为作为自己的参照点，并从这种行为中寻找经验偏差。泰勒（2015）对行为经济学的发展和成就做了出色的述评。

并不是所有经济学家都像泰勒本人那样专注于行为经济学。自从泰勒在研究生阶段受到卡内曼和特沃斯基早期成果的启发以来，他就在这个领域做出了杰出的贡献。但是许多主流经济学家仍持有不同程度的怀疑态度。例如，如果观察到对于理性的偏离，这一偏离是否只局限于这一特定的情况？我们是否会在其他从科学的角度来看更加令人印象深刻的类似情况中也发现这样的偏差？另一个常常被提及的问题是，主体最终是否可以学会变得理性？我们可能会看到主体暂时偏离理性行为，但随着时间的推移，主体可能会纠正这一错误。

我在经济事务研究所的学术期刊《经济事务》（Economic Affairs）上发表过一篇书评，其中包括我对行为经

---

[1] 特沃斯基在他们的工作得到诺贝尔奖委员会认可之前就去世了，然而诺贝尔奖从来不会颁发给逝者。

济学的优缺点的看法（奥默罗德，2016）。

除了这些成果之外，在过去四十多年的时间里，分析包含个人信息和个人决策的大规模数据库的统计理论和实践方面也取得了重大进展。詹姆斯·赫克曼（James Heckman）和丹尼尔·麦克法登（Daniel McFadden）可能是这一领域最杰出的两位学者，他们都获得了诺贝尔奖。但是，这项研究的数学色彩过于浓厚，这里只对其成就给予肯定。它在许多本科和研究生经济学课程中扮演着重要的角色。

如果说微观经济学向前发展了，那么宏观经济学就不能这样说了。从对经济周期、经济总产出波动的认识来看，宏观经济学在过去40年里强加给自己的中心任务是发展宏观经济模型，这些模型建立在微观经济理论初级模型的基础之上，实际上就是建立在理性经济人的模型基础之上。这很讽刺，因为在同一时期，微观经济学在推动自身模型实现更现实的行为描述方面取得了巨大进展。

从数学角度来看，这些宏观模型很快就会变得非常复杂，研究这些模型对于学者来说其纯粹学术吸引力显而易见。

但政策制定者往往持有完全不同的观点。例如，在经济危机期间担任欧洲中央银行（the European Central

Bank）行长的让·克劳德·特里谢（Jean-Claude Trichet）
表示：

> 当危机来临时，现有经济和金融模型的严重局限
> 性立刻变得显而易见。宏观模型未能预测危机，似乎
> 也无法令人信服地解释经济遇到的问题。作为一位危
> 机期间的政策制定者，我发现了可以起到有限作用的
> 可用模式。事实上，我想说得更加深入一些：在危机
> 面前，我们觉得自己被传统工具抛弃了。[①]

我的观点是，关于商业周期的主流宏观经济学已经
倒退了，这一观点反映在一些发表于《金融城早报》的
文章中。我经常对宏观经济学的这一方面进行批判，因
为它的失败预测，以及它没有将债务作为其模型的中心
特征。

资本主义经济有两个特征，这两个特征使其不同于
所有以前的以及现在实际存在的经济制度。其中一个特
征是商业周期，即国民生产总值增长率的持续波动。

第二个特征是经济随时间的推移呈现稳定而缓慢地

---

① https://www.ecb.europa.eu/press/key/date/2010/html/sp101118.en.html
（链接内容为2010年在法兰克福的演讲）。

增长这一事实，这在很多方面都是资本主义的关键特征。通过采用这一经济制度实现产出和生活水平提高。现在人们的生活水平比1900年时要好很多。但当前十年政治经济的一个核心问题是，许多经济体在21世纪末的崩盘之后，增长不够迅速。

经济学并没有很好地帮助我们理解经济增长的过程。经济学在本质上是一种基于市场均衡的理论，而增长必然涉及变化和毁灭。

从19世纪中叶的卡尔·马克思（Karl Marx）到20世纪中叶的约瑟夫·熊彼特（Joseph Schumpeter），一系列伟大经济学家的研究成果均以这种毁灭为主题。熊彼特创造了"创造性毁灭的飓风"这一短语来描述创新带来的毁灭性转变。

这些经济学家以及像凯恩斯和哈耶克等人的研究成果主要是描述性的。然而，现代经济学家已经热衷于建立形式模型。1956年，罗伯特·索洛（Robert Solow）建立了经济增长的数学模型，并因此获得了诺贝尔奖。

在索洛的模型中，一个经济体的经济增长率取决于三样东西：使用的劳动力数量、使用的资本数额以及索洛所说的"技术进步"，即创新的同义词。

在这一模型的基础上还有进一步的研究需要去做。从这当中得出的一件真正有价值的事情是，经济增长的实证研究表明创新发挥了最大的作用。创新是该模型中未加解释的部分，也就是通常所说的"遗留问题"。因此，我在《金融城早报》的这些文章中提到的一个主题就是创新的重要性。

无论是宏观经济学还是微观经济学，都面临着网络经济这一新的挑战。面对海量的选择，我们在互联网经济中究竟该何去何从？我们不可能处理所有的可触达的信息。例如，在我写到这里时，我在谷歌上搜索了"移动电话"这个词语。我得到了"大约155 000 000个结果"。1.55亿个网页！

我们无须抛弃理性选择模型，但是为了提升效率，在许多情况下我们需要对这一模型加以修改。做出选择时的核心问题已经不再是如何获取信息，而是我们应该丢弃甚至忽略哪些信息。

事实上，做到这一点的好方法是只考虑我们觉得可以信任的少数人所做的决定。其中包含的人会因情况的不同而不同。例如，我可能会因为餐馆评论认为某个网站的信息是可靠的，或者我的堂兄知道各家航空公司的优点。

这就引出了网络的重要性。我关注的人，我认为有用的网站，都是在特定环境中个人网络的一部分。就政治讨论而言，推特（Twitter）已经成了一个臭名昭著的

"回音室"。持相同观点的人会在推特上相互转发消息，却很少与持不同观点的人交流。

经济学家们终于开始意识到网络的潜在重要性。例如，中央银行对通过资产和负债模式将银行联系起来的网络表现出了极大的兴趣，并且一连串的失败可能会渗透到整个网络。顶尖的美国经济学会期刊《经济学展望杂志》（*Journal of Economic Perspectives*）在2014年的其中一期上刊登了关于网络的专题论文集。

来源

本书中的文章经常涉及以政策为导向的报告或学术文章。通过谷歌搜索能够很容易地获取这些文章，并且在每个部分的末尾还提供了一个参考文献列表。

这些主要资料来源在可获取性方面对于一般读者而言差别很大。运用数学讨论政治经济学中有趣而富有挑战性的观点显然没有必要。但数学确实有它的用途，尤其是在阐明我们期望看到特定结果的情况下。

在正文中多次提到的阿尔弗雷德·马歇尔（Alfred Marshall）于1903年建立了剑桥大学经济学系。马歇尔原本是一位数学家，事实上，他的期末考试成绩在全校排名第二。他广泛地运用数学以发展经济学。然而，他的一个关键指令是，如果他不能把这些结果通俗易懂地表达出来，他就会"烧掉数学"。

我确实尝试过将深奥的数学和统计论文进行解读从而使其能够易于理解，但是这种类型的原始学术文章对于一般读者来说仍然难以理解。

最后，我要澄清一点，这些文章都是我提交给报社的原稿。我没有根据后来发生的事件对它们进行其他修改，只是对其中几篇文章所讨论的主题做了简要的更新。

这些年来，我在《金融城早报》与三位出色的编辑有过合作，他们是：菲利普·索尔特（Phillip Salter）、汤姆·韦尔什（Tom Welsh）以及现在的蕾切尔·坎利夫（Rachel Cunliffe）。《金融城早报》发表的这些文章中包含他们所做的编辑工作。但印刷出版的文章和线上的文章并不都是完全相同的，两者在空间限制上略有不同。然而，原稿的主要观点没有产生变化，经济事务研究所的研究主任杰米·怀特（Jamie Whyte）坚决表示"坚持原稿！"从而解决了本书发表哪一个版本文章的问题。

参考文献

[1]　Hayek, F. (1967) *Studies in Philosophy, Politics and Economics*, chapter 8. Chicago University Press.

[2]　Johnson, J., Ormerod, P., Rosewell, B., Nowak, A. and Zhang, Y.-C. 2017 *Non-Equilibrium Social Science*. Springer. (Available at https://link.springer.com/book/10.1007%2F978-3-319-42424-8 under the Creative Commons License.)

[3]　Ormerod, P. (2016) Picking up the gauntlet: Richard Thaler's defence of behavioural economics. *Economic Affairs* 36 (1) : 91-101.

[4]　O'Rourke, P. J. (1998) *Eat the Rich: A Treatise on Economics*, p.108. New York: Atlantic Monthly Press.

[5]　Thaler, R. H. (2015) *Misbehaving: The Making of Behavioral Economics*. New York: W. W. Norton.

2

市场结构
与刺激

经济学很容易受到挖苦。基本的教科书模型用一条需求曲线和一条供给曲线描述了一个单一市场。需求曲线描述了购买量如何随着产品价格的上升而下降，而供给曲线则显示了供给如何随着价格的上升而增加。消费者和生产者都对价格变化做出理性反应，价格变化是影响二者行为的唯一因素。价格变动使需求和供给彼此平衡，从而使市场达到均衡。

因此，在这个模型中存在"理性经济人"，作用于"理性经济人"的唯一动机就是货币因素——你能以多低的价格购买产品，以及你能以多高的价格出售产品。我们有均衡的概念，即经济能够确保需求等于供给。

尤其是金融危机以来，理性经济行为和均衡的概念受到了广泛的嘲讽，尤其是受到了激进人士的嘲讽。就像所有讽刺漫画一样，它包含了真理的元素。正如我们将在本书最后一章看到的那样，现代宏观经济学确实如此。

但是经济学本身远比教科书所体现的要微妙得多。市场和货币刺激确实是经济学家使用的基本工具。

但是实际上还存在许多分析现实世界所需要的复杂的附加要素。为了理解表面上看似简单的情况，可能需要大量的反思并应用一系列概念。

一篇七十多年前发表的文章就很好地说明了这一点。

1939年，当第二次世界大战爆发时，R. A. 雷德福德（R. A. Radford）是剑桥大学的一名学生。他参军入伍，并于1942年在北非被俘，在位于德国的一个战俘营里度过了余下的战争岁月①。许多与他年纪相仿的年轻人有着和他相同的经历。

雷德福德是其中少数几个学习经济学的人之一。但他真正有趣之处在于，战争结束后不久，他发表了一篇关于自己战俘营的经济组织的学术论文。

这篇文章很容易找到②并且完全用英语写成，因此也非常容易理解。整篇文章没有一个数学符号。在市场如何形成、如何运作以及如何改善人类生活方面，很难找到一个比这篇文章更好的例子。

总的来说，德国人对盟军战俘还算不错。战俘们得到了基本的口粮，偶尔还会得到红十字会的包裹。他们不需要工作。由于没有商品生产，囚犯无法在劳动力市

---

① 这一经历似乎并没有给他造成持久的伤害。之后他在国际货币基金组织（the International Monetary Fund）的职业生涯非常成功，并且活到了87岁。

② 访问地址：http://icm.clsbe.lisboa.ucp.pt/docentes/url/jcn/ie2/0POWCamp.pdf。

场中获得工资。

这种经济结构与经济学家所称的纯粹的交换经济非常相似，这是一种真正简化版的现代经济。正如雷德福德写的那样，"尽管（在囚犯中）资源分配大致均等，但市场还是自发运作，价格由供需关系决定"。

在很多方面，这段经历都被看作市场运作的教科书范例。但是，尽管市场运作的社会结构非常简单，还是产生了许多细微差别。即使在这样的环境里，供给和需求也不是唯一需要考虑的因素。作为一位优秀的经济学家，雷德福德知道这些。

例如，虚假信息，比如盟军即将取得胜利的传言，可能会影响市场运作，并导致价格变动出现投机泡沫。此外，因为囚犯们往往待在自己的棚屋里，称自己为中间人的人就出现了。这些人寻找机会，通过在一个棚屋里低价买入并在另一个棚屋里高价卖出实现套利。

最好的例子是一个特别的人，他能够利用自己所掌握的乌尔都语，从基本上不讲英语的锡克教徒居住的棚屋里购买肉罐头并将黄油和果酱卖给他们。尽管他赚取的准垄断利润吸引了其他人进入这个市场，但他们基本上都无法立足。

市场和刺激是这个世界的基本特征。理解它们在特定环境下的运作方式是经济学的真正挑战。

如引言所述，每章末尾的参考文献中收录了作为特定文章特色的具体报告和文章，并在摘要中做了引述。

土豆肉馅饼与诺贝尔经济学奖

即使是看似简单的情况也需要巧妙的经济学推理才能理解。这篇文章运用经济学理论来解释圣诞节假期期间，在一场足球乙级（最低级）联赛比赛的简陋环境里，馅饼在半场时就被卖光这一行为的关键问题（奥斯特罗姆，2009；斯蒂格利茨，2001）。

悲剧发生在足球乙级联赛假日赛季的一场周中比赛中。主队支持者酒吧里的馅饼卖光了。对于那些不相干的人来说，这件事似乎微不足道。然而，它阐明了经济学中的一些重要主题，这些主题甚至让提出者获得了诺贝尔奖。

事实证明，客场球迷的数量比预期的要多。这没什么大惊小怪的。即使是杰出的经济学家团队也经常在预测中出错。由于这一失败预测，客队的馅饼首先卖完了。之后客场球迷每吃一个馅饼需要多付50便士（约合人民币4.37元），所以职权部门迅速将馅饼从主队酒吧转移走了。这不是出于对来访者的礼貌，只是为了赚取更

多的利润。刺激因素在起作用。这就是为什么联盟热衷于发放奖金而不是提供高福利。

但这种价格差异是如何存在的呢？卖给主场球迷和客场球迷的馅饼在质量上是一样的。现在该是约瑟夫·斯蒂格利茨登场的时候了。斯蒂格利茨因其关于宏观经济政策的辩论而闻名。他因提出信息不对称的概念以及展示了此概念对经济学理论的影响而获得诺贝尔奖。

主队支持者拥有更多关于馅饼价格的信息，因为他们每周都买馅饼。但是客队球迷缺乏这一详细知识。他们对馅饼的一般价格有一个大致的概念，但是缺乏当地馅饼的具体信息，因此乐于支付他们不知道的50便士的溢价。

移动电话公司充分利用了这一概念。电话出租和电话呼叫都是非常简单的产品，对各个供应商进行对比应该很容易。但是许多移动电话公司似乎故意把价格设定得尽可能地令人费解。他们这样做创造了信息不对称。这些公司知道是怎么回事，但是客户很难计算和比较不同的报价。

为什么套利部分差价的馅饼交易没有出现？有生意头脑的主场球迷本可以每人买一打馅饼，然后再以仅比原价高25便士的价格卖给客场球迷，这样既为自己创造了利润，也为客队带来了好处。一个市场机遇似乎消失了。

其中一个重要的原因是缺乏一个体制框架，促使潜在买家信任提供给他们的东西。如果主队球迷试图以更低的价格将馅饼卖给客队球迷，客队球迷会对发生的事产生怀疑。信任市场正常运转的重要性是2012年不幸去世的诺贝尔奖得主埃莉诺·奥斯特罗姆（Elinor Ostrom）的一个关键议题。信任，或者说缺乏信任，是当今金融界的一个热门话题。

2013年1月9日

刺激措施、稀缺资源与难民危机

在2015年夏末，由北非和中东的各种危机引发的难民潮成了一个重大的政治议题。该篇文章表明，即使在情绪低落的情况下，经济学也可以展示如何取得更好的结果。

人们对于难民危机问题的情绪高涨。这些令人心碎的照片在欧洲激起了一波又一波的同情。与以往一样，

经济学隐藏在幕后。人类的悲剧故事所激发的感情并不能改变基本事实。

我们可以对比一下正在逃离叙利亚的难民和已经在加莱扎营的难民的总体构成。叙利亚难民以家庭群体为主，而在加莱的难民则以年轻人为主。刺激有助于解释他们对于目的地的选择。当叙利亚难民穿越东欧时，他们高呼"德国！"而在加莱，每位难民都想进入英国。政治局势高度不稳定，但德国实行了为这些难民开放边境的政策。其他欧洲国家则不那么容易进入。

在加莱的难民能说流利的英语，技能水平高。与从巴基斯坦和孟加拉国的最贫困地区移民英国的难民相比，他们将为这个国家做出更加积极的贡献。他们的家人为他们的行程投入了大量资金，明确的目的就是进入英国。

英国劳动力市场的监管负担比许多欧盟国家要轻，从很多方面来说这都是一个巨大的优势。但这确实意味着在英国从事非法就业打工要容易得多。理论上，雇主可能因为雇佣非法移民而被起诉，但实际上这种情况很少发生。有技能的年轻人可以蓬勃发展，这就是他们要来英国的原因。不是为了攫取我们的利益，而是为了工作。

刺激因素在乘船渡海这一高度情绪化的问题上凸显

强烈。自从欧盟决定营救这些船只以来，渡海船只的数量激增。在溺亡或折返的可能性这个航行代价大幅下降后，乘船渡海的需求急剧增加。被误导的自由主义的后果是置更多的人于危险之中。

事实上，越来越多的证据表明，船长们现在甚至懒得亲自上船。他们只是在收取高额费用后，让难民尽其所能自己掌舵。既然欧盟会（至少声称会）帮你完成一项任务，你为什么还要自己花时间和精力去做呢？乘船渡海因此变得更加危险。

刺激的作用被误解了，经济学最基本的特征，即稀缺资源的分配，也被误解了。"圣人"鲍勃·格尔多夫（Bob Geldof）或许能够让难民住进他那些未被充分利用的大房子里，但地方当局则需要进行真正的权衡。每个被安置的难民都是已经在等待名单上的人，他们必须留在名单上。不仅如此，他们往往被分配到房地产价格低廉的较贫困地区。英国工党温和派领袖西蒙·丹楚克（Simon Danczuk）指出，他所在的罗奇代尔选区接纳的避难者人数已经比整个英格兰东南部所接纳的避难者人数还要多。

经济学可能常常看起来很苛刻，但牢记其原则可以避免结果变得更加糟糕。

超速积分市场

> 在教科书中，价格由市场决定，以使需求看上去等于供给。但这个价格是如何形成的呢？这是实验经济学之父弗农·史密斯（Vernon Smith）在2002年诺贝尔奖获奖演说中提出的一个关键问题（史密斯，2002）。

英国联合政府内阁中的自由民主党成员克里斯·胡纳（Chris Huhne）与前政府首席经济学家维姬·普赖斯（Vicky Pryce）这对当时的夫妻之间发生了争执，英国民众对此表现出了极大的兴趣。有关普赖斯是否同意胡纳提出的超速罚分的议论甚嚣尘上。2013年年初，两人均被判处短期监禁，但是普赖斯此后的职业生涯依然很成功，至少在公众眼里如此。这篇文章以真实存在的超速积分市场为例，讨论了在许多市场中价格是如何确定的（汉弗莱，1996）。

接受别人的超速积分价值几何？胡纳-普莱斯事件使这一点成了人们关注的焦点。撇开道德问题不谈，这个问题引发了经济学中一些有趣的话题。

事实证明，这些积分是有市场的。《每日电讯报》发现，囚犯愿意接受积分。当他们刑满释放时，积分通常已经过期了。有人会花上200英镑左右，拿走你的3个积分。但威尔士队在上周六惨败后[1]，我和一群英格兰队的支持者们在一起，他们在酒后说漏了嘴。我发现一位受人尊敬的女士声称自己花了500英镑从别人手里购买了3个积分。

这个市场是如何运作的？价格究竟是如何决定的？就像许多科学问题一样，那些看起来容易提出的问题往往是最难回答的。2002年，诺贝尔经济学奖得主弗农·史密斯在他的获奖演说中也提到了这一点。他说："我们不明白市场为什么会这样运行。"

基础教科书对于如何定价给出了过于简单的答案。这是一个简单的供求问题。价格是指供给等于需求时的商品价格，但是积分市场则更加复杂。

例如，关于其他交易的情况缺乏透明度。过分广泛地询问当下价格是不明智的。此外，也没有任何机构设置来规范市场的行为，从而在任何时候平衡供求关系，因此交易可以在教科书所认为的非均衡价格下发生。

19世纪与20世纪之交，经济学理论初次形成之时，

格格
不入

经奥
济默
学罗
思德
维的

———————————

[1] 这场失利发生在英式橄榄球联合会（Rugby Union）的赛场上。在英国，英式橄榄球仍然是一项主要由中上层阶级参与的运动。

主流经济学家们就在与这些问题做斗争。艾尔弗雷德·马歇尔（Alfred Marshall）于1900年前后创建了剑桥大学经济学系；与他同时代的埃奇沃思（Edgeworth）认为，供求相互作用的结果存在固有的不确定性。

在任何特定的情况下，价格都会产生一系列的潜在效果。埃奇沃思开发了埃奇沃思盒状图这一实用的工具，以思考这个问题。马歇尔只是简单地假设问题不存在，此后，马歇尔供求关系图（供给和需求均有一个唯一的确定价格）一直在经济学教科书中拥有最重要的位置。

对这些问题的兴趣在21世纪又复活了。例如，在许多金融市场中，价格是由一套被称为连续双向拍卖的正式规则所决定的。出于我们尚未完全理解的原因，情况似乎是这样的：该过程本身产生了金融资产价格变化的一些关键特征，比如"肥尾效应"——虽然罕见但非常巨大的变化要比金融监管者在崩盘之前认为的频繁得多。

这个世界充斥着越来越多的复杂的产品和服务。单纯的供求分析只能帮助我们理解它们的价格是如何形成的。制度结构、定价机制、信息流，所有这些因素都需要加到这个组合中。超速积分市场现象阐释了现代世界的重要方面。

有人要加糖的培根三明治吗？

> 英国政府刚刚发布了一份英国公共卫生部的报告，报告中呼吁对含糖饮料和食品征收20%的税收。英国公共卫生部表示，如果这项税收能够按照建议执行从而减少人们对糖的摄入量，在接下来的25年里，就可以避免成千上万人的死亡。

　　这篇文章给出的例子表明，要明确人们对这一拟议中的刺激变化做何反应，可能不像英国公共卫生部认为的那么简单。即使在价格是行为主要决定因素的市场中，人们也可以以创新和意想不到的方式对价格的变化做出反应（阿达，科尔纳利亚，2006）。

　　政府的大臣们向压力低头。他们发表了英国公共卫生部呼吁对含糖饮料和食品征收高达20%税收的报告。如果这项税收能够按照建议执行，使人们减少糖的摄入量，据称在未来25年内可以避免超过77 000人死亡。英国公共卫生部必须具备不同寻常的洞察力才能如此精确地预见未来。最好立刻将人员调配到财政部或英格兰银行，这样他们就能预测下一次经济危机！

所有这些预测背后都隐藏着一个微小的词——"如果"。正是这个微小的词导致了许多宏伟的社会工程计划的失败。公众可能根本就不相信这个信息，至少没有足够多的人相信。

几乎每个星期都会有一些自命不凡的官员宣称，我们自古以来就喜欢吃的东西对我们的健康存在致命的威胁。

来自世界卫生组织的最新声明是，培根三明治与香肠和吸烟一样危险。这些说法在将来的某个时候经常会产生矛盾。例如，人们积极鼓励车主将汽车的燃料从汽油换成柴油，但后者现在却被视为魔鬼的化身。

困难的根本在于，普通人对刺激变化的反应远比规划者认为的更加明智也更具创造力。2009年，在哥本哈根举行联合国气候变化会议期间，哥本哈根市议会想要遏制卖淫活动。他们向酒店和与会代表们寄送明信片，敦促他们不要光顾该市的性工作者的生意。性工作者利益团体的成员对此的回应是，为任何能够出示其代表证和一张市长寄来的明信片的人提供免费性服务。这些性工作者面临的选择是：如果市长的政策得到遵守，她们的收入将大幅减少；抑或是她们的正常收入会因偶尔提供免费性服务而减少。

　　总的来说，糖税没有那么奇特。如果价格上涨，消费就会减少。这是许多经济学教科书的第一章。但现实可能要复杂得多。

　　美国各州的香烟税率不同。伦敦大学学院的热罗姆·阿达（Jerome Adda）和弗兰切斯卡·科尔纳利亚（Francesca Cornaglia）利用这一点，在2006年发表于《美国经济评论》（*The American Economic Review*）的一篇论文中研究了吸烟者对于不同税率的反应。税率越高，吸烟的人数就越少。到现在为止，一切都很好。但更高的税率导致吸烟者转向含有更多焦油和尼古丁的香烟品牌。此外，吸烟者通过将烟一直吸到末端，提高了他们的吸烟强度。这种行为进一步增加了焦油和尼古丁的消费量，并导致吸烟者吸入更加危险的化学物质。

　　肥胖无疑是一个严重的问题。但认为通过对糖征税就能解决这一问题的想法仅仅是核心决策者思维定式的幻想。

2015年10月28日

不要把银行家送进监狱，只要不授予他们骑士称号就行

> 刺激措施无须涉及价格，甚至无须涉及任何形式的货币因素。价格确实很重要，这就是为什么价格是教科书的主要部分。但是，即使是在1903年创立剑桥经济学系并撰写了当时畅销世界的教科书的艾尔弗雷德·马歇尔的时代，经济学家们也早就知道价格并不是唯一重要的东西。

从远古时代开始，银行家们就一直表现得很自私（电影《卧底罗密欧》就是一个有趣而富有教益的例子）。关于如何防止这种情况发生的争论一直持续到今天。就在这篇文章完成之前，英国下议院财政委员会发表了一份有关银行家与危机的报告。这篇文章提供了一个略带玩笑意味、真正可能改变银行家行为的刺激建议。

银行业在崩盘前的行为至今仍然备受公众关注。岁数大的读者可能还记得伯纳德·科恩费尔德（Bernard Cornfeld）和投资者海外服务集团（Investors Overseas

Services，IOS）。投资者海外服务集团纯粹是一个大规模的金融骗局。它助长资本从发展中国家外流以及西方国家的逃税行为。

科恩费尔德的生活异常奢侈。他的豪宅遍布世界各地，他举办奢华的派对，同时和十几个女孩生活在一起，其中包括电影明星、超级模特、公主。他受到的唯一惩罚是在瑞士监狱服刑11个月。

可能不仅是银行家觉得这样的交易很有吸引力。那么，我们该如何设法让银行更加负责任呢？科恩费尔德是个骗子，但非常狡猾。他曾说："如果你想赚钱，就直接和钱打交道。不要浪费时间去制造灯泡。"

人们在银行工作是因为他们想赚钱。凯恩斯在20世纪30年代写道，如果驱动金融业者的不是金钱，那么这份工作将会无聊透顶。他接着说道，市场发挥了有益的社会功能。在市场中，许多人表现出严重的病态倾向，对金钱的追求使他们远离暴力和犯罪。

阻止此类活动的标准方法是改变激励结构。这就是近期议会报告建议判处鲁莽的银行家监禁的原因。威慑很重要，但任何威慑都有两个部分。惩罚本身的严重性，以及受到惩罚的可能性。

安德鲁·泰瑞（Andrew Tyrie）的议会报告称，顶级银行家不应辩称自己不知道发生了什么。但是，即使法

律已经允许监禁，又该如何处理英国高品集团（Co-op）的崩溃呢？据称，高品集团的崩溃是由大不列颠建筑协会的高风险贷款造成的。2009年，当高品集团接管大不列颠建筑协会时，两组审计师以及阿代尔·特纳（Adair Turner）勋爵的英国金融服务管理局认定这些贷款可以接受。

上述报告的动机完全可以理解。风险在于，工作稳定并享受丰厚养老金的监管者们，只会利用事后聪明来推卸责任。官僚很容易这样说，要是一笔贷款出了问题，即使是在它被批准的数年之后，也必须有人为此承担责任。未来的不确定性是人类境况的固有组成部分。

刺激措施确实重要。但是，只有当它们刺激相关社会网络的态度和价值观发生永久性变化时，才会产生真正的影响。一份声明称，至少在未来五年内，伦敦金融城里没有人会被授予爵位、骑士头衔，甚至不会被邀请参加白金汉宫的游园会，这份声明将创造奇迹。它发出了最清晰的信息：金融服务业需要整顿自己的行为。

2013年6月26日

更严厉的惩罚措施会阻止像法因斯这样的人吗？

> 2016年秋，伦敦城市机场因为抗议者占领跑道而关闭，这引起了人们的愤怒。当发现这些抗议者都是白人，要么是中上层阶级，要么是真正的有钱人时，这种愤怒的感觉尤其强烈。这篇文章讨论了经济学中的实证证据，即刑事司法系统中的刺激措施如何能够阻止犯罪——或者减少供应，正如我们这些经济学家说的那样（德拉戈等，2009；莱维特，达布纳，2005）。

纳塔莉·特威斯尔顿-威克姆-法因斯（Natalie Twisleton-Wykeham-Fiennes），难道你不爱她吗？我们的法因斯以气候变化带有种族歧视性质为由占领了城市机场的跑道，引发了混乱。她和其他8人，包括一名牛津大学棒球俱乐部的前成员，于2016年9月月中被法院判刑。对许多人来说，他们受到的惩罚很可笑：象征性的罚款和缓刑。

更为严厉的处罚措施在未来会阻止与该起事件以及

8月份扰乱希思罗机场的行为类似的抗议活动吗？坊间的证据表明确实如此。我在位于奔宁山脉脚下的一个小镇长大，这里的警察经常会在深夜把顽劣的年轻人赶到荒原上偏僻的小村庄里，让他们步行回家。要是下雨就好了，通常确实如此。更顽固的人可能会发现，湿气使当地警察局的台阶格外湿滑。与现在相比，当时的犯罪率很低。

但这仅仅是偶然的经验主义，还有大量关于更严厉的惩罚措施是否能够威慑犯罪行为的学术文献。同样地，犯罪学家自己也往往对将惩罚作为一种威慑手段的效果持怀疑态度。若干年前，我参加了一个这一主题的研讨会。会议上，一位来自英国密德萨斯大学的犯罪学教授毫不讽刺地提出犯罪是由资本主义造成的。相比之下，认为主体会对刺激做出反应的经济学家，常常声称威慑有助于遏制犯罪。

经济学家们的结论不仅基于理论，还基于对详细数据库的统计分析。即便如此，可能也很难对结果清楚地加以解释。例如，如果延长刑期，犯罪率下降，这是因为潜在的罪犯得到了遏制，还是因为惯犯被关在监狱里而无法实施犯罪呢？

2009年，弗朗西斯科·德拉戈（Francesco Drago）与同事在《政治经济学杂志》（*Journal of Political Economy*）

上发表了一篇颇具影响力的论文。他们对意大利议会于2006年7月通过的集体宽容法案所提供的自然实验进行研究。该法案使现有犯人的刑期立即缩短了三年，结果22 000人得以释放。但是如果他们再次犯罪，就必须服完所有的暂缓刑期，外加额外惩罚。这项研究明确表明，预期刑期延长一个月，重新犯罪的可能性会降低1.24%。史蒂芬·列维特（Steven Levitt）在他的畅销书《魔鬼经济学》（*Freakonomics*）中描述了通过对美国的数据进行巧妙的分析得出了类似结果。

或许，前进的方法是尝试运用实验经济学中的另一个基本概念，即经济外部性。法因斯认为，飞行虽然给个人带来了便利，但却会对气候造成负面影响从而给他人增加成本。其他人承担了这些成本，而这些成本与坐飞机的人的利益无关。机场抗议活动给许多人带来了不便。因此，罚款应与犯罪造成的外部成本成比例。富有的抗议者的资产会因此瞬间消失。有人赞成这样的自然实验吗？未来的法因斯们可能更喜欢棒球。

2016年9月21日

为什么学生们不能学习？对于大多数人而言，大学值不值得上？

即使刺激的运作与预期大体相符，但刺激要完全发挥作用可能需要很长时间。下一篇文章发表于英国大学新学年伊始。

《星期日泰晤士报》（*The Sunday Times*）发布了一份关于各所大学和各个专业毕业生收入的详细调查①。在此之前，很清楚的一点是，托尼·布莱尔（Tony Blair）首相于20世纪90年代末制订了使每个年龄段人群中都有50%上大学的计划，而这一夸夸其谈的"重返教育"计划，对于许多毕业生并不奏效（多尔顿，维尼奥尔斯，2000）。

基础经济学在起着作用。供应的大幅度增加降低了平均价格。尽管该项调查和其他调查的证据广为人知，

---

① 《泰晤士报》集团的材料一般无法在线获得，需要订阅。与毕业生工资有关的相关信息可以在http://www.cityam.com/268464/average-graduate-salaries-university-and-subject-go-and以及相关链接中找到。

但是年轻人仍然想要上大学。他们在此期间负债累累，却得不到回报。尽管面对着一系列刺激措施，他们仍然继续做出明显非理性的决定。学生债务后来成为2017年英国大选的一个重要因素。

对于许多年轻人来说，这是一年之中令人兴奋的时刻，有些人第一次动身上大学，有些人则开始完善明年的入学申请。如果你被剑桥大学经济学专业或牛津大学商业研究专业录取，这可是个好消息。《星期日泰晤士报》的一项调查显示，毕业生在毕业六个月后的平均薪资超过4万英镑。如果你去伍斯特大学学习戏剧和舞蹈，或者去利物浦霍普大学学习心理学，你的预期薪资将在1.3万英镑左右，略低于劳动力市场总体平均收入的一半。

这些数字引出了一个问题，即现有的许多课程是否值得学习。这是一个日益紧迫的问题。上个月，英国特许人事和发展协会委托编写的一份报告称，在英国，不少于58%的毕业生从事着不需要大学文凭的工作。而在德国，这一比例仅为10%。在当时的整个欧盟，尤其是在英国，毕业生的增长速度超过了高技能岗位的增长速度。

英国历届政府都对高等教育推崇备至。1992年，保守党将一大批理工学院升格为大学。随后的21世纪，在新工党执政时期，又掀起了第二波浪潮。布莱尔首相坚持认

为，他要实现让每个年龄段中50%的人上大学的目标。

毕业生供求之间的不平衡并不是什么新鲜事。当布莱尔提出他那"教育，教育，教育"的咒语时，就已经是众人皆知的事了。彼得·多尔顿（Peter Dolton）和安娜·维尼奥尔斯（Anna Vignoles）当时都在纽卡斯尔大学，他们在大约20年前发表了一篇著名的论文，对毕业生劳动力市场的过度教育问题进行了研究。科学家根据学术论文被其他学者引用的次数衡量该论文的价值。按照这个标准，该论文是一篇杰作。

他们考察了庞大的毕业生样本，得出了显著的结论。"我们发现，38%的毕业生接受了对于他们的第一份工作而言过度的教育；甚至在6年之后，依然有30%的毕业生接受了过度的教育。"因此，英国特许人事发展协会当时所做的关于20年后58%的毕业生接受过度教育的估计，虽然看起来令人吃惊，但可能并不太离谱。公平地说，其他研究得出的数据确实更低，但它们都证明了同样的观点。许多毕业生最终从事不需要学位的工作。

这对经济学理论来说是个坏消息，因为经济学理论预测，即使出现过度教育的现象，也只是暂时的。人们认为，企业应该调整生产技术，从而充分利用不断提高的技能供应。

这对于学生来说是个坏消息吗？就终生收入而言，一所好大学的量化学位仍然有很高的溢价。但对毕业生平均额外收入的估算将会掩盖结果的巨大差异。在没有竞争力的教育机构学习没有竞争力的课程变得越发不值得。

2016年9月28日

保姆能让你戒酒吗？

当刺激改变时，人们的反应可能在刺激改变后的不同时间点出现巨大差异。这一点延伸到了行为经济学中流行的"助推"领域（奥尔科特，罗杰斯，2014）。

"助推"通常涉及改变非货币刺激或改变决策的结构，从而使人们从不同的角度看待刺激。

英国国家健康和保健医学研究所宣布，一种旨在减少酗酒者酒精消费量的药物将纳入英国国家医疗服务体系（NHS），但该声明却因其对酗酒的宽泛定义而遭到嘲笑。这篇文章是针对"助推"的潜在影响而写的，"助推"

正越来越多地应用于健康领域。

英国国家健康和保健医学研究所在当时的过去一周里一直是人们嘲笑的对象。一种旨在减少酗酒者酒精摄入量的药物将纳入英国国民医疗保险。但是酗酒者的概念是太过宽泛，以至于那些每天适度饮酒者也被包括在内。事实上，这项措施真正针对的并不是那些豪饮几升含有甲基化酒精的伏特加的重度酗酒者。

现在有大量的行为是西方政府试图改变的。政府有其专门致力于这一目的的"助推"部门。肥胖、吸烟、人增加运动、投票登记、旧物回收、能源消耗等都包含其中。

就后者而言，问题不仅在于数量，还在于组合。多年来，人们一直认为柴油燃料在道德上优于汽油，一些不幸的人听从了这个建议，把他们的车换成了柴油车。现在他们发现自己在这个问题上遭到了来自官僚机构的严厉抨击。

顶级经济学杂志上刊发了一篇关于此类干预的影响的文章。总的来说，短期效应会给政策制定者带来他们想要的东西，但反应会逐渐变弱，人们又会回到他们原来的模式。当然也有例外，但是大多数改变行为的尝试都失败了。

亨特·奥尔科特（Hunt Allcott）和托德·罗杰斯（Todd Rogers）在新一期《美国经济评论》杂志上发表了一篇有

趣的论文。文章显示，要改变人们长期以来的决策，需要付出巨大的努力。在美国，近100家公用事业公司雇佣一家名叫综合能源（Opower）的公司每月向数百万户家庭发送家庭能源报告。这些家庭会收到关于个人能源使用、社会比较和能源效率的信息。

综合能源公司工作的真正有趣之处在于，其中一些程序被设定为受控科学实验。奥尔科特和罗杰斯考察了其中3个始于21世纪头十年末期且持续时间最长的实验。实验中安装了高度分层的计量装置，从一个十分庞大的样本中随机选择家庭来接收信息。两年后，一些收到报告的家庭被随机安排停止接收报告。这样，干预后的持续性和持续处置的增量效果都可以加以测量。

不出所料，家庭在收到第一份报告后，其能源消耗立即下降了，尽管这种影响迅速消退。在两年后停止接收信息的家庭中，后续的下降要低得多。报告的频繁出现似乎确实改变了人们的行为。但在继续接收信息的家庭中，能源消耗出现进一步下降，这表明人们需要很长时间才能完全改变自己的习惯。

在英国，人们对于系安全带和酒后驾车的态度最终发生了改变，但这花了很长时间。靠短期的时髦运动来"助推"行为是行不通的，政府必须长期参与其中。

2014年10月8日

按照绩效支付薪酬可能很糟糕，
这（几乎）是官方的做法

> 　　没有经过深思熟虑的激励结构往往会导致不良后果。2017年7月，英国广播公司（BBC）公布了许多员工的巨额薪酬，此举引起了人们的强烈愤慨。纯属巧合，与此同时，2016年诺贝尔奖得主本特·霍姆斯特罗姆（Bengt Holmström）在《美国经济评论》杂志上发表了关于绩效薪酬的演讲（霍姆斯特罗姆，2017）。

　　尽管霍姆斯特罗姆是一位非常主流的经济学家，但他得出的结论是，强有力的财物激励往往是不正常的，并且试图将市场原则引入企业的做法通常是错误的。

　　在英国广播公司公布员工的薪资后，人们在打开报纸或电视时几乎不可避免地会被有关薪资的报道狂轰滥炸。

　　纯属巧合的是，一篇题为《绩效薪酬及其他》（*Pay for performance and beyond*）的学术论文刚刚发表。你可能会问，那又怎样？实际上这是麻省理工学院教授本特·霍姆斯特罗姆2016年获得诺贝尔奖时的演讲之一。

霍姆斯特罗姆的研究，即行业术语所谓的"委托-代理问题"，开始于20世纪70年代。这是非常重要的实际问题。例如，公司的所有者（经济学术语中的"委托人"）应该如何设计合同，以使经理（"代理人"）的利益尽可能地与股东的利益保持一致？

经济学在许多方面对政策制定都有很大的影响，但这还不是其中之一。我们只要想想许多银行家在金融危机爆发前的行为就知道了。向员工发放巨额奖金，在像雷曼兄弟这样的例子中，公司所有者几乎失去了一切。

丑闻不仅仅发生在公司顶层。2016年年底，美国富国银行不得不支付1.85亿美元的罚款。霍姆斯特罗姆在他的演讲中着重提及了该起事件。分公司经理的绩效每天都受到监控。他们发现，一种行之有效的方法是为现有客户开立外壳账户。这是客户自己并不了解的账户，但它们计入了奖金。

要求按照既定标准行事所产生的压力，即便相关机构没有受到金钱的强力驱动，也可能会导致问题的出现。在英国的教育体系中有很多这样的例子。但是霍姆斯特罗姆给出的例子更具戏剧性。美国于2001年颁布的《不让一个孩子掉队法案》的初衷是好的。但在大约10年后，这种基于考试的刺激措施最终导致亚特兰大的教师

被认定犯敲诈勒索罪，并因篡改考试成绩而入狱服刑。

霍姆斯特罗姆在很多方面都是一个非常传统的经济学家。他在诺贝尔奖颁奖典礼上的演说很快就充斥了深奥的数学。他认为，只要有正确的信息和刺激，人们就会做出理性的决定。

这就是他得出如此惊人结论的原因。

他写道：从事刺激问题研究25年的主要经验之一是，在公司内部，强有力的财务激励可能非常不正常，而且试图将市场引入公司内部的做法通常是错误的。

近年来的总体趋势是将更多的市场导向型制度引入公司内部。例如，管理人员往往不能得到可以根据自己的判断和经验自行决定的支出的预算。相反地，他们必须向一个被认为在评估支出回报率方面具有特殊专长的部门提交一个量化的详细方案。

霍姆斯特罗姆的结论意味着有必要对公共和私有部门的激励结构进行十分彻底的反思。

2017年7月26日

为什么教师就像银行家？

> 这篇文章的发表时间比上一篇早5年，提出了一个类似的主题，即不适当的激励结构会导致不良结果（奥斯特罗姆，1990，2012）。

学生们的夏季考试成绩刚刚公布。他们的平均成绩连续近20年提升。但这些难以置信的结果并没有反映出学生们的表现有所改善。相反地，这体现在教师和考试委员会对既定绩效目标的反应。随后，英国政府做出的一些改变，导致学生成绩开始下降。

但是，试图重新制定适当的社会规范，而不是在某些情况下依靠刺激和市场这一根本问题仍然存在于英国教育系统的各个层面，这基本上也是霍姆斯特罗姆论文的重点。

当前，关于英国普通中等教育证书（GCSE）成绩的激烈争论并没有太大的启发意义。但是，已经发生的事情告诉我们很多关于刺激何等重要以及它们如何影响结果的信息。与此同时，这一争论表明，除非有一套恰当

格格不入
经济学思维的
奥默罗德的

的社会规范，否则刺激措施可能产生意想不到的负面影响。银行家和教师的行为方式完全相同。

回到20世纪80年代撒切尔夫人执政的重大教育改革时期，国有企业内部没有市场。因此，政府试图通过引入考试目标来模仿市场的效果。你所在学校的总体资源和你自己的晋升前景都取决于能否实现这些目标。就像在真实的市场中一样，教师们获得了自我提升的动力，至少在理论上如此。

刺激措施确实奏效，但却以一种出乎意料的方式，产生了令人不快的结果。教师们发现，只要让学生参加更多的无关紧要的科目，就能达到目标。这些科目的蓬勃发展牺牲了物理等科目。

埃莉诺·奥斯特罗姆因指出市场不是解决一切问题的办法而获得诺贝尔奖。在人与人之间的互动中形成的社会规范可以胜过刺激措施。因此，如果教师们坚持一套不赞成降低标准的社会规范，我们就不会陷入目前的混乱。但是他们没有坚持。大多数教师都是激进人士，但他们的行为就像出于自身利益而对理性经济人进行讽刺，正如他们所鄙视的银行家一样。

考试委员会和分数膨胀又如何呢？除了国家教育部门以外，没有人认为在过去的24年里成绩的持续提高有任何真正意义。各考试委员会为了让学生参加他们组织的考试，在一个真实的市场上相互竞争。竞争几乎总是有益的。竞争让供应商保持警觉，迫使他们进行革新并提高质量。浪费性竞争的概念实际上是一种矛盾的说法。

但在教育领域，我们处理的不是相互竞争的商品和服务，而是相互竞争的货币，适用的是一套不同的规则。价值单位是分数的质量。就集体而言，维持标准符合他们的利益。就个别而言，每个委员会都有让考试变得简单一些的动机。其结果是标准出现灾难性的下降。

我们已经看到了"格雷欣法则"，即劣币驱逐良币的一个经典例子。当另一个委员会愿意为你和你的学生的努力给出更多更好的成绩时，你为什么要让学生参加一个坚持标准的委员会的考试呢？

迈克尔·戈夫[①]（Michael Gove）正在努力推行一套新的社会规范，促使教育部门再次尊重标准。他绝不能让步。

2012年8月29日

---

① 迈克尔·戈夫时任英国教育大臣。

首席执行官的薪酬与牙买加的赔偿要求：
一枚硬币的两面

> 本文关注的是，当寻租①成为可能时所产生的危险和破坏性的激励措施②。时任英国首相戴维·卡梅伦（David Cameron）的牙买加之行促成了这篇文章。牙买加人以英国对牙买加人的奴役为由，向卡梅伦首相提出了数十亿英镑的赔偿要求。但西方国家的首席执行官们与牙买加人一样，同样犯有寻租罪。

英国首相戴维·卡梅伦上周访问了牙买加，此行致使牙买加人强烈要求英国向这个曾经被奴役过的加勒比海岛国支付数十亿英镑的赔偿。可想而知，大多数人对此的反应都是翻白眼和叹息。在大约两个世纪以前的1833年，大英帝国全境废除了奴隶制。牙买加于50多年前的1962年独立。牙买加人确定有时间解决自身的问

---

① 相关信息可浏览网站https://www.forbes.com/sites/davidmarotta/2013/02/24/what-is-rent-seeking-behavior/#66fdc734658a。
②《寻租社会的政治经济学》，（1974）安尼·克鲁格。

题，并发展起像样的经济吗？

这些观点有很多值得商榷之处。例如，20世纪60年代初期，韩国基本上是一个贫穷的农业社会，国民收入水平仅比维持生计的水平高一点。现在，韩国是一个充满活力的现代化经济体，生活水平与西方相似。新加坡等国也走上了类似的道路。

催款要求是经济学家所说的"寻租"活动的一个经典例子。这里的"租金"一词并不是指你为居住的公寓而支付的租金。尽管这个短语直到20世纪末才被创造出来，但这一概念可以一直追溯到亚当·斯密本人。寻租是指试图在不创造任何新财富的情况下增加你现有财富的份额。

但是，我们不应该觉得自己比牙买加人享有更多优越感。过去几十年间，寻租行为在西方社会激增。在此期间，美国经济表现良好。它的成功反映在首席执行官的薪酬上，前350强公司的首席执行官的平均薪酬约为每年1500万美元。这笔巨款比公司支付给普通工人的工资高出约300倍。

20世纪70年代中期，这一比例不是300∶1，而是30∶1。即使在20世纪90年代中期，这一比例也只有100∶1左右。后面的这一数字在今天仍然可以让首席执行官的平均收入达到500万美元，这是一个不错的金额。从个人

对创造新财富的贡献来看，很难证明这些薪酬支出是合理的。是的，有一些薪酬是合理的，但从本质上说，这些社会支柱一直在大规模地寻租。

公共部门的寻租行为是戈登·布朗（Gordon Brown）长期担任财政大臣期间的特点。公共支出大幅增加。但是大部分的增长支出并未用于提供更好的公共服务。相反，它为那些公共部门雇员的私人消费埋单。

在奥朗德（Hollande）担任法国总统时期，一些法国大学毕业生逃往国外，其余大多数毕业生都渴望成为一名官员。可观的薪水、几乎不可能遭到解雇的工作，还有丰厚的养老金，这是一个非常抢手的职位。难怪法国经济自2011年以来基本上就没有实现增长。英国工党党首杰里米·科尔宾（Jeremy Corbyn）称赞意大利政府为一家钢铁厂提供补贴，而不是任由其像雷德卡钢铁厂那样倒闭。但寻租行为在意大利激增，现在意大利人的生活又回到了20世纪90年代末的水平。

经济学家们在很多事情上意见不一，但他们一致反对寻租这一确切无疑的坏事。

2015年10月7日

公司税：助长选民的错觉，
使他们以为公司真会缴税

　　2012年秋，英国首相卡梅伦表示，他对星巴克等大公司所缴纳的公司税（即公司所得税）数额感到不满。时至今日，这依然是一个政治问题。例如，2017年8月，尽管亚马逊公司在英国的销售额达73亿英镑，但该公司不仅完全合法地未缴纳任何公司税，实际上还收到了税务部门一笔小额退款。

　　这种情况会招致公众的谴责是很容易理解的。许多政客认为收紧甚至提高公司税税率是一种轻松的筹款方式。在2017年大选中，工党认为可以通过这种方式额外筹集194亿英镑。

　　撇开公司会调整自身行为这一事实不谈，工党设想的数字纯粹是异想天开。公司税确实是一个很不理想的税种。最终，只有个人才能承担赋税。这篇文章描述了这种情况发生的不同方式。

　　新闻经常报道公司税，星巴克仅仅是最新一家成为焦点的公司。在过去的三年里，该公司没有为其超过10亿英镑的销售额缴纳过公司税。值得注意的是，首相本人表示他对在英国运营的大公司的避税情况感到不满。

一个显而易见的事实是，如果公司税不存在，引入公司税将是愚蠢的。公司税不仅迎合了普通大众的无知，也迎合了几乎所有政客的无知。公司税助长了这样的幻想：免费的午餐是存在的，其他人会为福利国家和臃肿的国家官僚机构埋单。

主流经济学理论存在诸多缺陷，但它绝非完全是一个空盒。一个关键的看法是，最终税收负担只能落在个人身上。公司只是法律实体。如果一家公司缴纳更多的公司税，就会由某人在某个地方为此埋单。

公司税法有着数不清的细微差别，比如什么可以抵销，什么不能抵销等。为了说明基本的经济学原理，我们需要把这些放到一边。因此，举例来说，公司应对公司税增加的方法之一是减少股息。显然，股东的收入会受到影响，其中包括养老基金。更高的公司税可能会导致更低的养老金。

应对公司税增加的另一种方法是通过抑制工资增长来抵销公司税的增长。这样一来，公司的员工得到的钱就少了。或者通过减少员工人数来降低整体工资支出。因此，在某些地方，一些人会因为为税收埋单而找不到工作。

除此之外，公司可以尝试对供应商采取更强硬的态度，压低供应商的价格。在这种情况下，供应商及其劳动力一般要承担税收成本。或者，当税收负担落在提供此类设备的特定企业集团身上时，公司本身可以削减资本支出计划。

在所有这些例子中，增加的公司税成本最终由个人承担。这些行动的具体实施方式将取决于税收制度的微妙之处。但一个无法回避的根本性事实是，只有人民才纳税。

现行税法的高度复杂性带来了更大的成本。英国税务及海关总署、大公司和大型会计师事务所雇佣的高技能专业人士，只是为了争夺对于立法的解释。废除公司税将把这些资源释放出来用于生产，而不是像现行制度所要求的那样被完全浪费掉。

当然，在当前的大环境下做出这一承诺的政治家是大胆的，甚至可以说是鲁莽的。但西方选民最终将不得不面对现实，其中包括公司税对他们没有好处的现实。

2012年10月31日

我们北方的朋友们①正身陷货币联盟

❖・❖～❖～❖・❖

> 在过去的几十年里，英国的地区分歧不断加剧。各个地区内部的繁荣程度也存在明显差异。但如果把这些地区看成一个整体，伦敦和英国东南部地区已经超越了英国其他地区。

标准的国际贸易理论可以帮助我们理解英国各个地区的困境。英国各地都处于英镑货币联盟，这篇文章描述了在一个地区缺乏竞争力如何在货币联盟中体现出来（麦金农，1963）。

迈克尔·赫塞尔廷（Michael Heseltine）的经济增长报告于上周发布。报告包含89项建议。让人想起亨氏公司著名的广告语，只有57个品种，这样做可能会把它更多地与大众文化联系在一起。

该报告受到了诸多评论，主要是说赫塞尔廷勋爵似乎怀念英国区域发展署和20世纪60年代及70年代这20

① "北方的朋友们"指20世纪90年代的一部经典电视剧，讲述了英国东北部的4位朋友从20世纪60年代中期到80年代中期的生活。

年。这份报告至少有一个优点，它列出了应对一个严重问题的一系列可能实施的政策措施。

但是，对于英国的各个地区应该采取什么措施呢？当然，首先需要注意的是，各个地区之间存在着非常显著的差异。像赫克瑟姆、哈罗盖特以及威姆斯洛这样的城镇和伦敦周围各郡一样繁荣。因此，谈论区域问题这一说法过于简单化。

但事实是问题依然存在。伦敦和英国东南部地区的人均收入远高于其他地区的整体水平，平均失业率也更低。如果说有什么问题的话，那就是随着时间的推移，这种差距在不断扩大。

简言之，这些地区的问题在于，它们同属于一个货币联盟，这个货币联盟包含两个非常活跃、生产力高度发达的地区：伦敦和英国东南部地区。在这种情况下，即使我们不习惯以这种方式思考，但是英国的货币联盟就是英镑区。希腊和西班牙的根本问题与约克郡和威尔士相同。它们在各自的货币联盟中缺乏竞争力。

英国各个地区面临的问题并不像欧元区国家那样严重，原因有二：首先，英国各个地区在决策上缺乏自主权，正是拥有自主权的相关决策导致了一些南欧国家破产；其次，到目前为止，英国繁荣的南部地区一直乐于拿出大笔资金来维持本国这些地区的运转。

从本质上说，英国的这些地区与伦敦以及东南部地区之间存在巨大的收支逆差。它们没有足够的竞争力来生产人们想要购买的足够多的商品和服务。在货币联盟中，收支逆差会转化为较低的经济增长和较高的失业率，作为经济学精髓之一的标准贸易理论对此做了清晰的展现。

因此，英国联合政府的区域薪酬政策是一件好事。矛盾的是，英国的部分地区之所以贫穷，是因为他们给自己的薪酬太高了。他们无法使自己的货币对伦敦的货币贬值，从而使自己具有竞争力。所以，他们需要将自己的价格重新纳入市场。

但是这些地区同样需要更多的贸易，这意味着与伦敦和东南部地区更多的联系。现代网络理论已经被用来为世界贸易的结构和模式提供令人兴奋的新视角。

同样的原则也适用于一个国家内部。通过基础设施建立起来的更多联系使各个地区有机会进行自我改造，重新成为繁荣的地区，就像他们在19世纪领导世界时那样。

2012年11月7日

2
市场结构与刺激

博弈论能否帮助希腊人？

博弈论在大多数本科和研究生经济学课程[1]中占有重要位置。老实说，博弈论很快变得高度数学化，这正是它吸引经济学家的原因之一（米洛斯基，2001）。

还有一个更深层的原因。在寡头垄断的情况下，市场上只有几家公司，你必须密切关注各个竞争对手所遵循的策略。博弈论是一个概念，它明确了在这种情况下遵循的理性策略。

博弈论确实提供了一些有力的、普遍的见解。但在大多数实际情况下，博弈论经常遇到这样的问题：游戏规则并非总是既清晰又固定的。希腊第一届左翼激进联盟党（Syriza）政府的财政部部长雅尼斯·瓦鲁法克斯（Yanis Varoufakis）是博弈论方面的学术专家。但在与欧洲中央银行的谈判中，这并没有给他带来多少好处。

---

① 具体信息浏览网址：https://plato.stanford.edu/entries/prisoner-dilemma/。

在这篇文章发表之后，博弈论与人工智能的结合取得了巨大进展。例如2017年1月，卡内基·梅隆大学人工智能研究人员开发的一种博弈论算法，在扑克比赛中从4位世界顶尖牌手手中赢得了近200万美元。更令人印象深刻的是，谷歌深度思考（Deep Mind）人工智能公司团队开发的一种算法在极其复杂的围棋比赛中击败了之前的世界冠军。但在所有这类比赛中，规则都是固定的。而在现实世界中，事情并没那么简单。

博弈论是学术经济学中的一个重要课题。不接触博弈论深奥的逻辑就想从一所好大学毕业几乎是不可能的。因此，或许满是经济学家的希腊政府正在利用博弈论来规划自己的策略。或者是德国总理默克尔本人在一个装满博弈论理论家的隐蔽地堡里听取了计算结果的简报。

20世纪40年代，约翰·冯·诺伊曼（John von Neumann）发明了博弈论这门学科，他是整个20世纪最伟大的学者之一。他对计算机和原子弹的发展都做出了重大贡献。但他之所以被经济学家铭记，还是因为他的博弈论。博弈论似乎提供了一种理性的、可计算的处理不确定性的方法。

在第二次世界大战结束不久，苏联刚刚获得核武器后，美国军队就在该课题上投入了大量资源，并启用了国内最优秀的人才。

美国人和苏联人都被认为是理性的，因为他们倾向于避免核战争。但是，在对对手的战略缺乏把握的情况下，最好的行动是发动先发制人的打击吗？这就是博弈论的精髓所在。用专业术语来说，就是你要么采取合作策略，要么叛变。换句话说，你要么生活在核对峙中，要么首先受到报复。

合作还是叛变，这是一个问题。当前希腊悲剧的游戏有多位参与者，但原则是相同的。希腊政府暗示，它愿意通过改善与苏联的关系，以吓退北大西洋公约组织的当权派。例如，从希腊的角度来看，欧洲中央银行等于是在实施背叛他们的政策。根据这个策略，希腊没有让步可言。

博弈论的这一基本观点确实告诉了我们关于这个世界的一些真相。例如，企业联盟很难维持。尽管企业联盟中的成员们通过采取合作策略，从保持价格上涨中受益，但个别成员总是受到背叛的诱惑，相信自己可以通过单干窃取优势。就连石油输出国组织也未能幸免于这种压力。

除了这一重要的贡献之外，博弈论在许多实际情况下并没有提供太多的指导。现在有成千上万篇密集的数学学术论文试图获得最佳策略。即使是文章中简短的英语，对非专业人士来说也是难以理解的。但是最终的答案仍然尚未找到。

也许，博弈论最大的缺点是它需要清晰明确的游戏规则。在当前的欧元危机中，各方甚至都不清楚彼此是否在玩同一个游戏。对于希腊来说，这是一次性的，他们想要改变自己国家的政策。对于欧洲中央银行、国际货币基金组织和德国来说，如果他们在这方面展开合作，他们担心的是接下来与西班牙、意大利或其他国家的游戏。政治比经济更具有指导意义。

2015年2月4日

面对飓风肆虐，
为什么政客们不能正视气候变化？

正如引言中提到的，微观经济学理论在最近几十年里就个体如何决策问题取得了重大的进展。这篇文章展示了现代理论帮助我们理解在现实中应对气候变化如此困难的原因（希尔，2017；莱布森，1997）。

2 市场结构与刺激

发生在美国的毁灭性风暴让公众牢牢记住了气候变化这个问题。

但是到目前为止，事实证明，政客们很难说服选民以许多科学家希望看到的方式改变消费模式。更昂贵的空中旅行，更高昂的能源账单，这些都不是很受欢迎。

现在，人们被要求接受较缓慢地提高甚至降低生活水平；作为交换，他们可以在未来避免潜在的巨大成本。

这个问题很容易说明，但它在经济学理论中引出了一些难题。

一个显而易见的问题是如何分析不确定性。例如，假设你在某场比赛中得知一匹马的赔率是4∶1，你可以判断你认为它获胜的真实概率是大于还是小于建议的概率。

但围绕整个气候变化问题的不确定性要棘手得多。这就好像你被告知一匹马的上述赔率，但你不知道它将与哪些马匹竞争。

哥伦比亚大学的杰夫·希尔（Geoff Heal）在最新一期《经济文献杂志》（*Journal of Economic Literature*）上发表的一篇论文中给出了一个简单的例子。我们面临着科学和社会经济的不确定性，气候变化的科学不确定性以及气候变化对经济和社会影响的不确定性。

希尔指出，研究气候变化的科学家们几乎想当然地认为，全球气温上升2～3摄氏度会对我们的社会造成巨大的成本。然而，他接着说道，"在关于气候对经济活动影响的新兴计量经济学研究中，没有任何东西可以证实这些引人注目的担忧"，即使是不同的专家小组也不同意上述看法。

第二个挑战是，人们对当前和近期所获得的利益和所付出的成本的重视程度，要高于对在更遥远的未来获得相同利益和所付出相同成本的重视程度。

英格兰银行（英国的中央银行）坚如磐石，从未违约。所以当它发行债券时，你大可以放心，你会收回你的钱。但英格兰银行还得付给你利息，并在未来付给你更多的钱，才能说服你现在购买它的债券。

一个关键的问题来了：人们如何贴现未来？当他们考虑这个问题时，他们使用的利率是多少？

行为经济学提供了大量有关这个问题的证据。对于气候变化活动人士来说，这压根儿不是什么好消息。人们经常使用"双曲贴现"这个专业术语。换句话说，这就是意味着他们更重视现在发生的小额回报或成本，而不是在更遥远的未来更大的回报或成本。

一个含蓄的暗示是，尽管他们知道同样的信息，但他们今天做出的选择，是他们在未来不愿做出的选择。

经济学无法解决气候变化问题，但可以解释为什么选民们如此不情愿对气候变化采取任何行动。

2017年9月13日

2
市场结构与刺激

门票价格、公正和行为经济学

利物浦足球俱乐部宣布将大幅提高季票的价格。此举引发了球迷的普遍愤慨，指责该俱乐部为了牟取暴利牺牲球迷的利益。

顶级行为经济学家理查德·泰勒（Richard Thaler）给出了许多类似的例子（泰勒，2015；奥默罗德，2016）。他认为，反对向顾客"收取不合理的高价"并非出于理性，而是出于一种内在的公正感。

这篇文章指出，标准理论对企业短期利润最大化和长期利润最大化做了明确区分。这可以很好地解释利物浦俱乐部的情况，无须借助行为经济学。

更为普遍的是，主流经济学家认为，许多声称被识别的"行为"情境，可以用标准理论完美地加以解释。

谁想看利物浦人[①]踢球？当然，不会有曼彻斯特人，

[①] 利物浦人（the Scousers）是对利物浦居民的通俗称呼。长久以来，利物浦与相距仅30多英里（1英里=1.609344千米）的曼彻斯特市一直存在激烈的竞争关系。

可能也不会有自尊自重的伦敦人。然而，利物浦足球俱乐部的主场安菲尔德球场的球票需求却很高。事实上，存在着过剩的需求。想看比赛的人数超过了体育场的容纳能力。

按照市场经济学的准则，俱乐部的所有者建议提高入场票价。从下个赛季开始，主看台的最低票价将从59英镑提高到77英镑。此举使利物浦主场1万多名球迷恰好选择在比赛的第77分钟集体离场。作为回应，俱乐部的所有者芬威体育集团2016年2月初宣布，他们不仅要撤回上调票价的提议，还要实行为期两年的门票价格冻结。

那家报道著名极地探险家"维维安·富克斯爵士（Sir Vivian Fuchs）动身前往南极"这一令人难忘的头条新闻的报纸《利物浦回声报》（*The Liverpool Echo*），日前热情高涨地报道了球迷的情绪。据报道，俱乐部经理尤尔根·克洛普（Jurgen Klopp）表示，票价冻结表明俱乐部的所有者"非常关心俱乐部以及支持者的利益"。

2月初，卡罗来纳黑豹队对阵丹佛野马队的超级碗比赛在加利福尼亚州的圣克拉拉举行。然而，无论比赛在哪里举行，在哪两个队之间进行，都是美国体育日程表上的重大事件。电视广告时段的售价反映了巨大的利润。广告时段的售价高得离谱，并且没有人会反对基本市场原则的这种特殊应用。

顶尖行为经济学家理查德·泰勒在他的新书《"错误"的行为》（*Misbehaving*）中指出，运营超级碗赛事的体育机构——美国职业橄榄球大联盟对票价采取了不同的、长远的战略眼光，在需求巨大的情况下保持了合理的票价。他援引一位美国职业橄榄球大联盟代表的话说，这一策略促进了大联盟"与球迷以及商业伙伴间的持续关系"。

泰勒举了很多例子，在许多与体育无关的情况下，通过反映价格上涨中需求的增加，以此向客户"收取不合理的高价"，并未被公司视为最佳策略。作为一名行为经济学家，他将此归因于消费者有一种与生俱来的"公正"感。他写道："对于那些打算长期向相同客户销售产品的公司来说，看起来公正的价值应该特别高，因为那些公司因为行为不当而蒙受了更大的损失。"

泰勒与我们可能会想到的行为经济学名人堂（Behavioural Economics Hall of Fame）的创始成员丹尼尔·卡尼曼（Daniel Kahneman）共事了30多年。《"错误"的行为》是一本重要的书。

但是行为经济学在很大程度上只是打扮成羔羊的羊肉吗？在这些例子中，没有必要援引"公正"的行为概念来解释公司行为。主流经济学在区分短期利润最大化行为和长期利润最大化行为方面有着悠久的传统。

这就是我们了解安菲尔德和超级碗的价格所需要的全部内容。

2016年2月17日

市场说的是真话吗？

　　行为经济学对主流思想产生强大影响的一个重要领域是股票市场。例如，有强有力的证据表明，即使是专业投资者也会表现出持续的过度自信。他们期待结果比实际结果更好。

　　2016年1月，金融和大宗商品市场出现了巨大波动，这促使我写了这篇文章。文章借鉴了诺贝尔奖得主罗伯特·希勒（Robert Shiller）的研究，认为金融市场在时间和地点两方面均表现出过大的波动性，这种过大的波动性与主张这些市场"应该"如何表现的标准的、理性的理论观点不相符（希勒，1981，2013；琼斯，2015）。

2
市场结构与刺激

2016年1月，金融市场以及石油等大宗商品的资产价格出现大幅下跌。传统的看法是，市场对经济的前景进行了理性的评估，并据此制定价格。因此，如果价格下跌，我们就应该下调对经济增长的预期。

其基本理论是，任何公司的股票之所以有价值，仅仅是因为股票所有者将获得的未来股息流。如果经济前景变得更加暗淡，人们的预期将是企业不会获得同样多的利润，股息支付将会减少。股价会因此下跌。

这听起来似乎很有道理。但近年来，经济学领域的发展让人们严重怀疑金融市场在这方面是否理性。耶鲁大学教授，2013年诺贝尔奖得主罗伯特·希勒就是一个关键人物。早在1981年，他就发表了第一篇关于该主题的论文，论文的题目总结了他的论点："股价过度波动能根据其后的股利变化进行解释吗？"

希勒研究了20世纪20年代以来的数据，发现股票价格的上下波动幅度远远大于股息。这种过度波动，正如他所言，在对19世纪的证据进行研究后得到了证实。如果用股息来决定价格，而股票波动幅度大得多，那么这个理论显然是有问题的。

尽管他的文章发表在顶级刊物《美国经济评论》上，但最初人们普遍认为这篇文章有点怪异。然而，随着1987年股价单日暴跌20%等事件的发生，他的观点逐渐

变得越来越有说服力。

近年来的发展进一步印证了希勒的观点。例如，2015年2月，布拉德·琼斯（Brad Jones）发表了一篇关于资产泡沫的国际货币基金组织工作论文。他指出，全球交易的金融资产价值从1980年的约7万亿美元增加到了现在的约200万亿美元。

更重要的是，银行不再主导市场。目前，投资公司所管理的资产价值几乎与大型全球性银行的资产价值相当。人们变得更加富有，拥有更多储蓄，并寻找公司管理他们的资金。

琼斯认为，资产管理人面临的激励因素会导致羊群行为和市场的过度波动。严酷的季度报告驱动着决策。基金不能冒险采取与共识过于相悖的立场。一位经理人最终可能会被证明是正确的，但如果在短期内亏损，投资者就会从他的基金中大量撤出。

当然，具有讽刺意味的是，市场在大幅下跌的情况下仍具有自我实现的能力。通过摧毁财富的价值，人们减少了未来的支出。

不过，另一位诺贝尔经济学奖得主保罗·萨缪尔森（Paul Samuelson）曾说过一句自嘲名言："股票市场已经预测到了过去五次经济衰退中的九次。"

2016年1月27日

受控实验与自然实验的价值

> 行为经济学很好地说明了近几十年来这门学科在微观层面上是如何向前发展的。就在近期，经济学家引入了随机对照试验的方法来评估政策方案的影响。
>
> 但是，作为社会科学家，除了经设计的受控实验，我们还应该始终关注自然实验，也就是自然而然出现的情况。这些情况使不同类型的政策之间的对比变得清晰。一次重大的自然实验是西方的市场经济和社会主义的计划经济之间的实验。[1]

随机对照试验是经济学中一个十分热门的话题。麻省理工学院的学者埃斯特·迪弗洛（Esther Duflo）是这一理念的真正推动者，她无疑使自己在今后争夺诺贝尔奖时处在了最有利的位置。

---

[1] 更多内容请浏览网站https://www.economist.com/news/finance-and-econo-mics/21591573-once-treated-scorn-randomised-control-trials-are-coming-age-random-harvest。

随机对照试验的理念是从医学中引入的。随机选择一组人作为特定的政策的受试者，并将这组人的试验结果与其他未进行试验的人做比较。

这些研究几乎全都是在发展中国家进行的。评估随机对照试验通常涉及一些微妙的统计点，但它们是识别真正有效因素的一种强有力的方法。这些研究已经产生了相当大的政策影响。

迪弗洛是J-PAL（译者注：The Abdul Latif Jameel Poverty Action Lab，贾米尔贫困行动实验室，旨在确保扶贫政策的制定基于科学依据，从而减少贫困人口和地区的数量）网络的领军人物。经该网络评估的项目不断扩大，已经影响了全世界超过2亿人口。随机对照试验研究本身是在小范围内进行的，评估的是非常具体的政策。如果试验成功，就可以扩大试验范围。例如，鼓励学校使用除虫器、提供安全饮用水的加氯器和免费杀虫蚊帐。

一个与随机对照试验密切相关的概念是自然实验。这时，我们就会发现过去曾实施过两种截然不同的政策，一种是在同一时间对不同人群实施的政策，另一种是在不同时间对同一人群实施的政策。

本案例中的政策并不是作为实验的一部分刻意设计的，而是作为政治进程的一部分提出的。

但是理想的自然实验可以像随机对照试验一样提供

信息。事实上，自然实验可以触及随机对照试验无法触及的部分，因为我们可以观察到大规模进行的自然实验。

到目前为止，其中最重要的自然实验，是一系列关于市场导向型经济的表现相较于中央计划经济的表现的自然实验。

20世纪主要的经济竞赛是在美国和苏联之间进行的，美国轻松获胜。

直到20世纪80年代末，印度和中国一直实行不同形式的制度。在采取市场原则后，这两个国家都繁荣起来了。

2017年10月4日

粗鲁的约克郡人、米尔顿·弗里德曼
与经济学理论

即使是看似平凡的事件，也充满了经济学理论的重要方面。约克郡一位书商的故事促使我写了这篇文章，这位书商对他的潜在顾客非常粗鲁。这个故事在当时的报纸上占据了显要位置。

由此引发的一个问题是对激励做出反应的时间尺度。一般来说，书商会因为其所提供的商品质量过低而被迫停业（弗里德曼，1962）。大多数人都不愿意成为被辱骂的对象。尽管理论的过程准确地描述了最终的结果，但是可能需要很长的时间来展现（阿特金森，1969）。

巧合的是，本案例中的这位书商确实在本文完成的几个月后就关门歇业了。但尚不清楚这是否仅仅是由于没有顾客光顾，也可能是因为他成了当地人辱骂的对象。

约克郡谷地的一位书商上周登上了新闻头条。他称一名顾客为"讨厌鬼"，并因其粗鲁的行为遭到当地教区议会的多次投诉。更加令人气愤的是，他还向顾客收取50便士的入场费。

该事件从表面上看不过是一个有趣而琐碎的故事。但它却提出了经济学理论中一些有趣的问题。

一般来说，如果这位书商继续冒犯潜在客户，他就会被市场力量赶出市场。人们将不再光顾他的书店，并转而光顾别处。

在一个更为重要的背景下，米尔顿·弗里德曼就美国就业中的种族歧视问题提出了非常类似的论点。弗里德曼认为，在招聘过程中，一家追求利润最大化的公司总是会选择最适合某一岗位的人，不管他的背景如何。如果不这样做，就会给公司带来不必要的成本，也会被非歧视性的竞争对手挤出市场。

在资本主义经济中，各种歧视似乎比在其他社会和经济组织中要少很多。但这在多大程度上是由市场力量直接造成的，目前尚不清楚。

经济学理论侧重于均衡，即当各种激励、成本、利润等因素在系统中发挥作用时，理论上存在的情况。

但经济学对于如何达到均衡和达到均衡所需要的时间几乎只字未提。英国著名经济学家托尼·阿特金森（Tony Atkinson）于2017年1月去世。他在20岁出头时发表了一篇出色的论文，文章表明，在经济学理论的核心增长模型中，从一个均衡到另一个均衡需要超过100年的时间。

事实上，市场力量确实发挥了作用。但它们并不能完美地过滤企业的生存进化适应性。大量研究表明，在一个行业中，效率最高的公司的生产率水平通常是效率最低的公司的三到四倍，而且这些差异依然存在。效率低下的公司可以生存很长一段时间。

如果顾客购买了商品就予以退还的50便士入场费，给经济学带来了另一个问题。这家店就在一个公交车站旁边，店主认为很多浏览图书的人只是为了躲风避雨，并没有购书的打算。

所以经营者只是在创造一个市场。在该案例中，经营者是为公交车乘客提供合适的避难所和温暖。但入场费却

惹了众怒。人们认为，在这个领域利用市场显然是不恰当的。

在无法解释的支持铁路回归国有的原因背后，也存在同样的情绪。所有记得英国铁路公司的人，一想起它有多糟糕都会不寒而栗。然而，就像健康一样，许多人认为，在这种情况下利用市场是不道德的。

经济学和专家们受到攻击，但经济学可以解释日常生活的许多方面。

2017年1月18日

银行与钢铁行业：经济学理论中的棘手问题

　　此前有消息称，英国的一些大型钢铁厂面临着关闭的威胁，这在短期内给当地经济造成了毁灭性影响。这篇文章考虑的问题是：如果银行家可以得到救助，为什么钢铁行业不可以呢？

这可能是本书中最难的一篇文章（达菲，索南夏因，1989）。因为这个简单的问题引出了经济学理论中的一个基本问题。货币为什么重要？对此的回答看起来可能很深奥。此外，许多主流经济学家不会赞同这个答案。货币之所以重要，是因为它是唯一出现在所有市场上的商品。

塔塔钢铁公司可能关闭的工厂，以及托尔伯特港（Port Talbot）的困境，对于那些直接受其影响的人而言是一场悲剧。一个关键问题是：如果可以拯救银行，为什么不能拯救钢铁行业？纯粹从政治的角度来看，这一话题是有根据的。忠诚勤奋的威尔士人为自己家人的未来忧心忡忡，这与身着细条纹制服、剥削所有人的傲慢银行家形成了鲜明对比。政府很难反驳这种说法。

抛开政治的喧嚣，这一挑战将我们带到了经济学理论的一些核心问题上。对于初学者来说，经济学开始于一张简单的图表，这张图表显示了在不同价格下公司会提供多少产品，以及消费者会产生多少需求。这两条曲线的交点告诉我们供给和需求正好平衡时的价格。用技术术语来说，市场已经出清。

经济学的一个基本问题是，是否有可能找到一组价格，该组价格将清空所有单一市场，以创造经济学家所称的"一般均衡"。任何地方的供求都是平衡的，因此不

会有闲置的资源。这是一个说起来容易但是证明起来却异常困难的问题。在前11位诺贝尔经济学奖得主中，至少有7位是因为在这一领域的研究而获奖。

读者可能还记得在学校时必须解二次方程。事实证明，有一个公式可以解出所有此类方程。代入数字，答案就出来了。一般均衡问题与此类似，但在数学层面上要困难得多。能否找到一个公式，就像我们认为的那样，可以证明每个经济体都有一组价格？

这项工作也许很深奥，但却有着巨大的现实影响。例如，许多监管政策的目的是试图消除市场运行的障碍，从而实现理想状态下的总体均衡，即所有资源都得到充分利用。这项工作从很多方面来说都是经济学理论皇冠上的明珠。这项工作的一个关键问题是，事实证明，很难确定货币具有任何特殊的意义。货币只不过是另一种商品。金融危机凸显了这一主流均衡模型无法解释的理论问题。从本质上说，货币和钢铁同等重要。经济学家会意识到我在精简要点，但在这个框架下，如果银行可以被拯救，那么钢铁行业也可以被拯救。

像凯恩斯那样不痴迷于均衡的经济学家往往持有完全不同的观点。货币是截然不同的，因为它是唯一出现在所有单一市场上的商品。货币供应中断不仅局限于经济的某个特定领域，而是会对经济全局产生影响。

米尔顿·弗里德曼认为，20世纪30年代美国的"大萧条"有其货币方面的原因。货币与钢铁有着根本性的不同。银行必须被拯救，而钢铁行业只是一个选项。

2016年4月6日

专家的意见往往缺乏可靠的根据

本书下一部分的内容讨论的是知识的局限性，而这篇文章起着连接下一部分内容的作用。近年来，在学术期刊上发表的论文数量呈现出巨大的增长。但是，这种现象导致了尤其是在社会科学和卫生领域的真知灼见寥寥无几。[①]激励和经济学理论有助于我们理解这一现象产生的原因。

---

① 例如，2015年8月28日的《科学》杂志，相关信息请浏览网址http://science.sciencemag.org/content/349/6251/aac4716。

2017年7月，我们目睹了专家们的观点又一次发生重大反转。多年来，我们一直被告知要服用每一个疗程的处方药。但最新的看法是，这样做没有必要。

汽油车和柴油车将在2040年被禁，该则声明提醒数百万柴油车车主，仅仅几年前他们还被告知柴油是一个好东西。

这些是在媒体上非常突出的故事，但它们绝对不是孤立的例子。这种观点的反转在较为弱势的社会科学和医学科学领域太常见了。"证据基础"这一都市自由主义专家所钟爱的短语，往往是毫无根据的。

心理学非常清晰明了地说明了这一点。《科学》杂志可能是世界上最负盛名的科学杂志。2015年年底，一个不少于270人的作者团队在该杂志上发表了一篇论文。他们均来自在顶级心理学杂志上发表过100篇科学论文的团队。

在100个案例中，只有16个案例的实验结果能够被充分地复制，以确定最初的结论是有效的。这些论文发表在顶级心理学期刊上，原作者参与了复制实验，因此复制率应该很高。相反，实验的复制率极低，以至于发表在《科学》杂志上的论文的第一作者指出，实际上他们什么都不知道。最初的结论可能是正确的，尝试进行的复制实验的不同结论也可能是正确的，或者这两者的结论都是错误的。

当原始结论被提交出版时，没有迹象表明存在任何形式的欺诈或虚假陈述。

但是经济学理论帮助我们理解这种情况是如何发生的。经济学的伟大之处在于，人们会对刺激做出反应。

学者们现在面临着发表学术论文的巨大压力。他们如果不这样做，就会承担更多繁重的教学任务，得不到晋升，甚至可能被解雇。他们的刺激是发表论文。

学术期刊很少会接受得出负面结论的论文。整个学术文化就是要找到正面结论。因此，实验被重新设计，使用不同的样本，直到获得想要的正面结论。

现在越来越多的学者正不顾一切地发表论文。为了满足这一需求，愿意出版论文的期刊大幅增长。其中很多期刊都十分不可靠，因为它们愿意接受付费作者的论文。

除了一小部分精英个体和机构，对于其他个体和机构而言，学术生活已经越来越无产阶级化。在苏联，工人们会因为超额完成诸如靴子的生产配额而获得奖章，即使所有的靴子都是左脚穿的也没有关系。

现在许多大学都很相似，为了满足官僚们的要求而炮制出无用的文章。是时候对学者以及学术机构进行一次大清洗了。

2017年8月2日

参考文献

[1] Adda, J. and Cornaglia, F. (2006) Taxes, cigarette consumption and smoking intensity. *American Economic Review* 96: 1013-28 (https://www.gov.uk/government/publications/sugar-reduction-from-evidence-into-action) .

[2] Allcott, H. and Rogers, T. (2014) The short-run and long-run effects of behavioral interventions: experimental evidence from energy conservation. *American Economic Review* 104 (10) : 3003-37.

[3] Atkinson, A. B. (1969) The timescale of economic models: how long is the long-run? *Review of Economic Studies* 36 (2) : 137-52.

[4] Dolton, P. and Vignoles, A. (2000) The incidence and effects of overeducation in the U.K. graduate labour market. *Economics of Education Review* 19: 179-98.

[5] Drago, F., Galbiati, R. and Vertova, P. (2009) The deterrent effects of prison: evidence from a natural experiment. *Journal of Political Economy* 117 (2) : 257-80.

[6] Duffie, D. and Sonnenschein, H. (1989) Arrow and general equilibrium theory. *Journal of Economic Literature* 27 (2) : 565-98.

[7] Friedman, M. (1962) *Capitalism and Freedom*. University of Chicago Press.

[8] Heal, G. (2017) The economics of the climate. *Journal of Economic Literature* 55 (3) : 1046-63.

[9] Holmström, B. (2017) Pay for performance and beyond. *American*

Economic Review 107 (7) : 1753-77.

[10] Humphrey, T. H. (1996) The early history of the box diagram (https://www.richmondfed.org/~/media/richmondfedorg/publicati-ons/research/economic_quarterly/1996/winter/pdf/history.pdf) .

[11] Jones, B. (2015) Asset bubbles: re-thinking policy for the age of asset management, IMF Working Paper (http://www.imf.org/external/pubs/ft/wp/2015/wp1527.pdf) .

[12] Krueger, A. (1974) The political economy of the rent-seeking society. *American Economic Review* 64 (3) : 291-303.

[13] Laibson, D. (1997) Golden eggs and hyperbolic discounting. *Quarterly Journal of Economics* 112 (2) : 443-77.

[14] Levitt, S. and Dubner, S. J. (2005) *Freakonomics: A Rogue Economist Explores the Hidden Side of Everything*. New York: William Murrow,

[15] McKinnon, R. I. (1963) Optimum currency areas. *American Economic Review* 53 (4) : 717-25.

[16] Mirowski, P. (2001) *Machine Dreams: Economics Becomes a Cyborg Science*. Cambridge University Press.

[17] Ormerod, P. (2016) Picking up the gauntlet: Richard Thaler's defence of behavioural economics. *Economic Affairs*, DOI: 10.1111/ecaf.12159.

[18] Ostrom, E. (1990) *Governing the Commons: The Evolution of Institutions for Collective Action*. Cambridge University Press.

[19] Ostrom, E. (2009) Beyond markets and states: polycentric governance of complex economic systems. Nobel Prize lecture,

December (https://www.nobelprize.org/nobel_prizes/ecomic-sciences/laureates/2009/ostrom_lecture.pdf) .

[20] Ostrom, E. (2012) *The Future of the Commons: Beyond Market Failure & Government Regulations*. Institute of Economic Affairs: Occasional Papers. (https://iea.org.uk/publications/research/the-future-of-the-commons-beyond-market-failure-and-government-regulation) .

[21] Raw, C., Page, B. and Hodgson, G. (1971) *Do You Sincerely Want to Be Rich? The Full Story of Bernard Cornfeld and IOS*. New York: Viking Press. (http://www.parliament.uk/documents/banking-commission/banking-final-report-volume-i.pdf) .

[22] Shiller, R. (1981) Do stock prices move too much to be justified by subsequent changes in dividends? *American Economic Review* 71 (3) : 421-36.

[23] Shiller, R. (2013) Nobel Prize lecture (https://www.nobelprize.org/nobel_prizes/economic-sciences/laureates/2013/shiller-lecture.pdf.

[24] Smith, V. (2002) Constructivist and ecological rationality in economics, Nobel Prize Lecture, December (https://www.nobelprize.org/nobel_prizes/economic-sciences/laureates/2002/smith-lecture.pdf) .

[25] Stiglitz, J. E. (2001) Information and the change in the paradigm in economics. Nobel Prize lecture, December (https://www.nobelprize.org/nobel_prizes/economic-sciences/laureates/2001/stiglitz-lecture.pdf) .

[26] Thaler, R. H. (2015) *Misbehaving: The Making of Behavioral Economics*. New York: W. W. Norton.

3

不确定性
与知识的局限性

❖～⧼⧽～❖

所有科学理论都接近于现实。在某些情况下，科学理论对现实进行了异常准确的描述，但科学理论和现实从来不完全相同。即使是在量子物理学中，理论和现实世界之间也存在着差异。

为了理解这个世界，理论做出了简化的假设。所有理论的关键问题都是这些假设有多合理。

经济学在本质上是一种关于个体行为的理论，用经济学术语来说就是一种关于主体如何在特定的背景下在不同的选项之间做出选择的理论。本书不是一本经济学教科书，所以在这里不是要讨论理性经济人理论所做出的假设。

本书这一部分的重点在于假设的一个特定方面。这是经济学理论对于收集和处理特定情况下可供选择的信息的能力所做的简化。

19世纪末期，经济学理论首次正式形成自己学派之后的很长一段时间里，人们认为，当主体做出选择时，他们对各种选择都了如指掌。正如读者从自己的经验中可以知道的那样，这种假设很少是完全正确的。但在许多情况下，这种假设与现实的近似度足够高，所以它是有用的。

例如，洗衣机在某种程度上是一项相当整洁和复杂的技术，省去了许多单调乏味的家务劳动。但是另一方面，它们使用起来非常简单。买家不需要知道洗衣机的工作原理，他只需要了解一些信息：价格、尺寸、颜色、品牌以及功能。即使在没有互联网的时代，在考虑购买洗衣机时，也能很容易地获得足够的信息，因为人们有理由相信完整的信息都是合理的信息。

经济学已经向前发展了。正如引言中所讨论的，继乔治·阿克尔洛夫和约瑟夫·斯蒂格利茨的开创性研究之后，经济学家的日常工具箱已经得以扩展，使主体拥有不完整信息成为可能。实际上，不同的主体（例如公司）拥有的信息量与其他主体（例如消费者）可能存在极大差异。

从科学的角度来看，这一发展是非常重要的，它极大地扩展了经济学理论的简化假设，从而为现实提供了合理近似的情形。

伴随近几十年来微观经济学的种种发展，经济学在政策制定过程中占据了绝对的主导地位。1964年，当选的工党政府将该届政府中专业经济学家的人数增加到12人左右。现在，除中央银行和各种大型监管机构外，有1400名经济学家在政府部门工作。很多政策在得到认可之前，都要经过"理性"经济学的筛选把关。

但是，当今天所做的决定对未来可能产生重要影响时，人们肯定会质疑理性选择模型与现实到底有多大差别。

应该强调的是，主体所做的许多决定并不会对未来产生重要影响。在每周一次的超市购物过程中，如果你买了某种口味的汤，结果发现你不喜欢，你可以在下周购买另一种口味的汤。这都是收集替代品信息过程的一部分。

但是你应该和谁结婚？你应该在养老金中投入多少钱？并且一旦你决定投资了，你应该选择哪种方案？你很有可能不会做出最理想的决定。事实上，在之后的许多年内你都不会知道自己是否做了一个还算过得去的决定。

对未来产生重要影响的决定，会受到这种固有的信息缺乏的影响。1912年，布良斯克机械制造厂的股东们完全有理由感到高兴。他们的公司跻身于世界最大的100家商业公司之列。然而，仅仅5年后，不光他们的股份被没收，他们要是能逃过劳改营和死刑牢房，就算走大运了。

格格
不入

经奥
济默
学罗
思德
维的

凯恩斯是一位比同时代许多追随者认为的更加优秀的思想家，他在1936年出版的伟大著作《就业、利息和货币通论》（*The General Theory of Employment，Interest and Money*）中煞费苦心地强调了有关未来的知识的局限性。

很多引言可以说明这一点，但这一条就足够了：

　突出的事实是，我们对一项新投资的预期收益进行估计所依据的知识根基极其不稳定……坦率地说，我们不得不承认，我们用来估算一条铁路、一座铜矿、一家纺织厂、一种专利药的商誉、一艘大西洋班轮、一座伦敦市的建筑物10年后收益率的知识根基很薄弱，有时甚至完全没有。

凯恩斯的劲敌哈耶克在这一系列问题上，持有与凯恩斯截然不同的观点。两人进行了一次大论战。但哈耶克也相信，经济和社会体系中的知识存在固有的局限。他认为再多的聪明才智也无法战胜这些局限。

就把这一点作为自己毕生研究的核心特征而言，哈耶克甚至超过了凯恩斯。哈耶克于1974年获得诺贝尔奖，他的获奖演说题目为《知识的僭妄》（*The Pretence of Knowledge*）。哈耶克将现代经济视作极其复杂的系统。数以百万计的主体都在做有关于未来的决定。所有这些计划都能相互兼容几乎是不可信的。要是有人预测这些不同计划所产生的结果，几乎也是不可信的。

当经济学在决策中比以往任何时候都重要得多的时候，许多从业人员似乎已经忘记了凯恩斯和哈耶克的教训。世界各地的监管机构、财政部和中央银行都弥漫着一种强烈的信念。人们相信，他们足够聪明，可以设计出能够在未来产生最佳结果的规则和条例。如果一套规则被证明是不充分的，答案几乎都是设计一个更加复杂的规章制度。这一次，我们一定会做好！

这一部分的文章都是为了提醒我们知识的局限性。

---

① 获奖演说视频链接https://www.nobelprize.org/nobel_prizes/economic-sciences/laureates/1974/hayek-lecture.html。

世界国际象棋锦标赛告诉我们，
我们到底是如何做出决定的

> 　　一场激动人心的国际象棋世界冠军争夺战正在进行中。这篇文章介绍了赫伯特·西蒙（Herbert Simon）的研究，他是美国一位真正杰出的博学者，其主要著作问世于20世纪50年代和60年代。像凯恩斯和哈耶克一样，西蒙敏锐地意识到知识的局限性。他的观点与凯恩斯和哈耶克略有不同，我们将在本书探讨网络的部分再次提到他（西蒙，1955）。

　　世界国际象棋锦标赛眼下正在进行。目前的冠军，印度人维斯瓦纳坦·阿南德（Viswanathan Anand），正以3比5的比分落后于年轻的对手马格努斯·卡尔森（Magnus Carlsen）。在许多人看来，卡尔森将成为有史以来最强大的人类棋手。这是一场引人入胜的比赛。

　　但是，国际象棋比赛本身不仅仅是有趣，它还告诉我们很多关于个人和公司决策环境的本质，以及这些决定究竟是如何做出的。赫伯特·西蒙可能是20世纪下半叶最伟大的社会科学家，他运用国际象棋来阐述自己关于决策的主要观点。

西蒙获得了诺贝尔经济学奖。他因为对于人工智能所做的贡献获得图灵奖（the Turing Award），他还获得美国心理学会授予的心理学杰出贡献及终身成就奖。实际上，他的日常工作是卡内基·梅隆大学的工业管理学教授。

西蒙认为，经济学家假设人们做决定的方式是完全错误的。理性经济人在特定情况下都会收集大量有关现有选项的信息，并将其与自己的偏好进行比较，然后做出可能的最佳决策，即经济学家所说的"最优"决策。西蒙认为，在大多数情况下，环境过于复杂，人们永远无法知道什么是最优决策。相反地，我们使用所谓的"经验法则"，直到这些简单的法则无法给出满意的结果为止之前，它们仍然可以给出尚且令人满意的结果。

这不仅仅局限于学术领域。财政部和中央银行的经济模型都基于理性决策的概念。大量的监管活动旨在纠正经济学家认为的消费者和公司关于偏离"理性"的行为。

原则上讲，下国际象棋很简单。只有十来条规则，很容易学会。棋局的目标很明确：将死对手的国王，并且你知道对手所做的一切。

但是在大多数棋局中，最佳棋步是无法计算的。许多糟糕的选择可以被排除，像卡尔森这样的棋手会比一般棋手更有效地做到这一点。即使在世界锦标赛这种级别的比赛中，大多数比赛也是这样确定输赢的。通常情况下，问题不在于对一步棋的后果进行高度理性的计算，而在于判断怎样才算一步好棋。

计算机有帮助吗？所有6个棋子的问题现在都已经得到解决。但是国际象棋有32个棋子，每增加一个棋子，计算的复杂程度就会成倍增长。

公司的运营环境要比国际象棋棋局复杂得多。例如，竞争对手可以创新和发明全新的产品和规则。我们生活在一个完全不确定的世界，正如凯恩斯说过的那样，在这个世界上，"通常，我们对自身行为的最直接后果只有最模糊的概念"。

2013年11月20日

"白厅里的绅士们"并非最了解情况

　　2014年年初，英国保守党和自由民主党组成的联合政府放松了此前对人们从养老金账户中提取资金的严格限制。这引起了都市自由主义评论员的愤怒。他们的主要理由是，个人不知道自己在做什么，因此可能会做出错误的决定。而他们这些自由主义精英们，知道什么对人们有利。

　　戈登·布朗（Gordon Brown）于1997年至2007年担任英国财政大臣（即财政部部长），并于2007年至2010年担任英国首相。近年来也许没有哪位政治家比布朗更相信，像他这样的专家确实最了解情况（尽管竞争一直十分激烈）。他甚至宣称，在金融危机之前，他就已经"废除了繁荣与萧条"！

　　这只是其中几个例子，说明这位伟大的舵手在担任财政大臣期间做出了毁灭性的糟糕决定。

　　政府对于人们兑现他们的养老金购买兰博基尼的计划并不在意。但"左倾"的自由派评论家肯定不会如此。

乔治·奥斯本（George Osborne）的预算案措施取消了对人们购买年金的要求，这遭到了铺天盖地的批评。这些攻击的主要原因是，个人可能会采取不负责任的行为，做出不符合他们最佳利益的财务决定。

这当然是事实。人们确实会犯错误。1945年的工党政府曾用过一句臭名昭著的话："白厅的绅士们最了解情况。"这个观念后来还将女性包括在内。尽管它很老套，但仍然很具有生命力。这种世界观批评了奥斯本创新的核心所在。但是，当涉及财政问题时，政府本身是否有更好的记录呢？答案显而易见。这份报纸的一整期都可能充斥着令人震惊的决定。因此，只要举出几个近期的例子就足够了。

2014年4月初期，戈登·布朗在1999年至2002年灾难性抛售英国一半黄金储备的问题，在首相的记者会上被提了出来。当时的黄金均价是每盎司275美元，然而现在（2020年7月）的价格是1800美元左右。事后诸葛亮能让我们成为天才。但是这愚蠢的过程本身就令人吃惊。这次大甩卖是在1999年5月7日提前宣布的。这种公开宣布进入市场的供应量将大幅增加的做法，足以使价格在两个月后拍卖第一批商品时下降10%。

私人融资计划（The Private Finance Initiative，PFI）正在对英国国家医疗服务体系造成巨大的财政压力。私人融资计划这个概念是在约翰·梅杰（John Major）执政时期提出的，但戈登·布朗非常喜欢。私人融资计划使大臣们可以获得大笔资金投资受欢迎的项目，如新建学校和医院，无须预先支付任何资金。这种疯狂的融资结构让纳税人背负了债务，这笔债务大约是该框架帮助建设的基础设施价值的两倍。

并非所有事情都是戈登·布朗的错。在2010年的《战略防御评估》中，新政府宣布将采用美国F35战斗机的航空母舰版本，而不是前工党政府青睐的"短距起降战斗机"。但是，用于调整航空母舰设计的成本急剧上升，最终失去了控制。两年后，这一设计被放弃，短距起降战斗机被重新投入使用。

但谁能忘记布朗曾吹嘘他"废除了繁荣与萧条"？财政部和金融服务管理局等监管机构的数千名官员自以为很聪明，设计出了一个永远不会发生衰退的体系。这场危机的代价不是以十亿英镑计，而是以万亿英镑计。

哈耶克因其对经济体系知识内在局限性的研究而获得诺贝尔奖。个人、政府和中央银行都面临这些限制。奥斯本信任民众的做法是正确的。

2014年4月9日

专家有多专业？是时候结束英格兰银行的独立地位了

戈登·布朗在1997年担任英国财政大臣时做出的首批决定之一，就是让英格兰银行独立。这在当时的主流宏观经济学学术界是一个非常时髦的观点。这篇文章考察了英格兰银行在宏观经济专业知识方面的实际能力，发现该行缺乏这方面的专业知识。

英格兰银行多年来一直将短期利率维持在接近于零的水平，这给数百万省吃俭用的民众的收入带来了毁灭性的后果。储户为了获得持有自己资金的特权而向银行付费，使英格兰银行迎来喘息的机会。英格兰银行通过量化宽松的政策向经济注入了数千亿英镑。

所有这些政策都有待商榷。例如，许多杰出的货币经济学家都对量化宽松政策持批评态度。

尽管如此，英格兰银行此举被认为是一件好事，因为该银行是独立的。英格兰银行专家们的决定不受腐败政客的影响。然而，该银行的专业性到底有多强？

2007年，英格兰银行围绕未来五年英国国内生产总值增长的中央预测绘制了"扇形图"。这些图表显示了英格兰银行对中央预测的不确定性范围，中央预测以线条围绕呈扇形排列。预测越靠前，不确定性的范围就越大。所以这些线条在图表上看起来就像一个扇形。

根据这些图表显示，实际上，英国在2007年至2012年出现经济衰退的可能性为零。然而这些图表发布不到一年，英国就进入到20世纪30年代以来最为严重的衰退期。

当危机来袭时，英格兰银行行长似乎被自身学术知识所麻痹。当资本主义本身摇摇欲坠、濒临解体的时候，他却大谈救助银行的"道德风险"，似乎对银行像多米诺骨牌一样接连倒闭的真实而巨大的危险视而不见。

戈登·布朗授予英格兰银行独立地位。遗憾的是，乔治·奥斯本仿效了他的做法，将财政部对经济的预测工作交给了独立的预算责任办公室。至少预算责任办公室主任罗伯特·乔特（Robert Chote）对于独立地位在某种程度上会确保他的预测更加准确这件事情不抱任何幻想。

布朗不仅在英格兰银行，而且在所有社会和经济政策领域，都对崇拜专家这一做法表示赞赏和崇敬。就连政客都被认为没有能力参与讨论，更不用说普通选民了，除非他们熟悉由一位拿着写字夹板的专家提出的最新多元回归分析。

如果专家有真正的专业知识，这将是非常合理的。让工程师设计一座桥合情合理。但是专家们对于社会科学（包括经济学）的真正理解水平，比大多数专家愿意承认的要低得多。"在设计成功的政策时，智力的作用被严重夸大了。"哈耶克这样评论并非偶然。

是时候摆脱对专家的盲目崇拜了，是时候结束英格兰银行的独立地位了，是时候恢复经民主选举产生的政客们的决定权了。如果他们做错了，至少我们可以高兴地将他们踢出局。

2013年3月6日

啤酒，进化与失败

在过去的几年里，精酿啤酒销售呈现了爆炸式的增长。精酿啤酒通常具有非常独特的口味，酒精含量高，在年轻的都市专业人士中很受欢迎。有三家英国的精酿酒厂（酿酒狗BrewDog是其中最新的一家）一开始每周只生产几桶啤酒，现已被大公司以高价收购。

3
不确定性与知识的局限性

这篇文章用精酿啤酒市场来说明了一个更普遍的观点，即单个公司的成功或失败是很难提前预测的。所有公司都有避免倒闭的动机，大型公司会投入大量资源试图规划公司的未来。但它们还是无法避免倒闭的风险。我对公司的演变和生物进化的过程进行了比较，后者当然完全是随机的，因此无法预测。我在《达尔文经济学》（奥默罗德，2005）一书中对此进行了相当详细的阐述。

建立一家微型啤酒厂就算获得了印钞许可证吗？2017年4月，一家私募股权公司以略高于2亿英镑的价格收购了酿酒狗22%的股份，酒厂创始人因此净赚了1亿英镑。2016年，百威的所有者百威英博以8500万英镑的价格收购了卡姆登镇啤酒厂。这是继精酿坊于2015年以未披露的价格出售给全球巨头南非米勒啤酒公司之后的又一笔交易。

精酿啤酒创业公司的数量呈现爆炸式的增长。英国微型啤酒厂的数量已经从1026家增加到1700家左右。

但是它们无法复制酿酒狗的成功，其中的大多数都会倒闭。

同样的事情还发生在每一个开发新产品的创新市场。1900年至1920年，美国有近2000家公司从事汽车生产。最后，超过99%的公司消失了。第一次世界大战之

格格不入
经济学思维的奥默罗德的

前，欧洲电影业在全球范围内运营，半数供应至美国市场。1920年，欧洲电影几乎从美国消失，并在欧洲本土变得边缘化。好莱坞已经后来居上。

做大并不能保证不会失败。例如，就在2017年4月，美国联合航空公司的声誉严重受损，东芝公司预计2017年的亏损可能高达90亿美元。2005年至2009年，我的空间（MySpace）是世界上最大的社交网站。美国新闻集团在2005年以5.8亿美元的价格买下了它，但在2011年却以区区3500万美元的价格将其出售。

包括MySpace在内的这些公司目前仍在经营，但许多巨头公司最终都将倒闭。因为一些初级的错误，例如，没有向税务机关缴纳税款。小公司的倒闭率在最初两三年是很高的。但是在这之后的任何一年，小公司和大公司倒闭的概率将变得非常相似。

产生这种现象的基本原因是，未来存在固有的不确定性，再聪明的人也无法降低这种不确定性。

在经济学教科书中，经营企业很容易。学生们学习的基础知识之一是如何使企业的利润最大化。即使是更高级的教材，也设定在一个基本静止的世界里。

事情不会一成不变。例如，福特公司去年的全球收入为1510亿美元，而特斯拉为70亿美元。然而2017年4月，特斯拉的市值已经超过了福特。

一定要提前退休去酿造你一直想要的啤酒，但是不要指望发财。

2017年4月19日

忍者神龟、尼克·克莱格与市场失灵

> 继续关注商业世界，我们来看一看哪款玩具会成为圣诞节最畅销玩具的问题。这其中存在着巨大的不确定性，尤其是随着圣诞节的临近，市场的领头羊将得到积极的反馈。更多的孩子会想要这款玩具，不是因为它的内在属性，仅仅是因为其他人已经购买了该款玩具（阿瑟，1994，1996）。

经济学理论中的确包含了能够解释这类行为的模型，它们不同于标准的理性选择模型，但这样的市场在现实世界中正变得越来越广泛。

这篇文章中有一段话对当时联合政府中自由民主党的两名主要成员尼克·克莱格（Nick Clegg）和文森特·凯布

尔（Vincent Cable）进行了嘲讽。英国自由民主党的许多现任成员远非传统自由市场意义上的自由主义者，而是信奉"专家"至上和政府有能力成功规划未来的狂热信徒。

圣诞节即将来临。零售商们开始大力推销他们的产品。在谷歌上搜索"2012年圣诞节玩具"，搜索结果的第一页上满是宣布哪些玩具将会成为"热门"或"畅销品"的网站。可供浏览的搜索结果共计超过7500万条。

2011年最受欢迎的玩具是"混血树妖"（Mishling Tree Monsters）、"狗狗玩具"（Doggie Doo）等。有一定年龄的读者会记得"天线宝宝"（Teletubbies）、"巴斯光年"（Buzz Lightyear）和"忍者神龟"（Teenage Mutant Ninja Turtles）等玩具在商业上取得的巨大成功。

尽管这些记忆可能很美好，但巨大的成功在带来喜悦的同时，也带来了泪水。每年，随着这个盛大节日的临近，"年度玩具"都变得很难买到，甚至不可能买到。

或许我们应该向尼克·克莱格和文森特·卡布尔寻求灵感，从而消除预测趋势失败的承诺。市场短视主义正在破坏最贫穷、最受排挤的公民的圣诞节。改革上议院和投票制度本身，是改变人们心态的一部分，而这种心态是应对圣诞节玩具短缺所必需的。必须对防止今后出现短缺的措施进行紧急审查，包括通过立法迫使银行放贷。

或者还有更深层次的原因？事实上，时尚扮演重要角色的行业，本身就存在不确定性。电影行业就是一个很明显的例子。即使有大明星和巨额广告预算也不能保证成功。如果第一波观众不喜欢某部大制作电影，消息就会迅速传播，电影公司就会像2012年早些时候亏损2亿美元的《约翰·卡特》（*John Carter*）一样，一败涂地。同样地，低成本电影也可能成为热门电影。

电影或圣诞玩具产品的市场给传统经济学理论带来了严重的问题。在正统的消费者行为理论中，个人的品位是确定的；而市场的作用是将这些信息传达给生产商，生产商就能供应适当数量的相关产品。

但是，当电影行业或圣诞玩具行业发布新作或新产品时，不会受到特定品位的影响。消费者事先并不知道他们对新电影或新玩具的好恶。就玩具而言，这给零售连锁店的顾客带来了一个问题，这些连锁店试图预测顾客尚未形成的偏好。此外，一位消费者的态度取决于另一位消费者的态度。你的孩子想要最受欢迎的玩具，是因为其他孩子也都想要。一旦这种偏好开始出现，就会以极快的速度合成，让生产商落在后面。

整个世界正在变得越来越不像经济学教科书所展现的那样，而更像忍者神龟。想想苹果公司的iPhone 5的喧嚣。公共和私营部门的政策制定者都需要改变思维方式加以应对。

2012年10月3日

黑色星期五、博弈和股票市场

这里还讨论了商业不确定性的另一个方面，即在零售业中所称的"黑色星期五"。这个词有很多用法，但在零售业中，它通常指的是圣诞节前几周的某个星期五，购物中心和商业街的汹涌人潮。2015年，甚至在星期五之前几天，就有人对零售商店即将发生的混乱做出了可怕的预测。但事实证明，这是一个相当正常的星期五。

黑色星期五和类似的事件，可以用一种叫作少数人博弈的理论加以分析。该理论是由两位物理学家提出的，其规则很容易陈述，但运用起来却异常困难。成千上万篇学术论文都是用非常难懂的数学写成的。尽管如此，目前还没有人提出"最佳"应用策略。最佳理性策略还没有被发现（沙莱等，2005）。

黑色星期五结束了。许多媒体预期的大量消费者涌入商店的情况并没有出现。许多零售商店比平常的星期五还要安静。相比之下，网上购物却变得疯狂起来。亚

马逊公司在英国迎来了有史以来销量最好的一天，售出了超过700万件商品。爱顾商城和约翰·路易斯的网站因访问量过大出现了问题。据称，网上销售额有史以来第一次在一天之内超过了10亿英镑。

这样的经历让人们对许多社会和经济事件的可预测性产生了根本性的疑问。英国预算责任办公室在秋季声明中修改了直到2020年的预测，额外拨给乔治·奥斯本270亿英镑。许多评论家指出这些预测存在高度的不确定性。但这些是未来五年的预测。甚至就在一周前，许多人还认为星期五商店里会人满为患。零售商们也为这一波客流做好了准备，但商店在星期五并未出现拥挤的情况。

在一件事情发生之后，总能使其合理化。2014年的黑色星期五，在一家英国连锁超市阿斯达商店里，购物者抢购廉价商品时相互踩踏，并发生了打斗。这一混乱被广泛报道。回过头来看，很明显，这就是人们为什么上网购物，而不冒重蹈2014年混乱局面的风险。事实上，专业术语所称的事后偏见，似乎深深植根于我们的个人心里。

有些事情发生了，我们常常认为这是不可避免的。但这并不是零售商和媒体在上周五之前的想法。我们很容易忘记，甚至在事发前一天也无法预测到事情发展走向。

临近上周五，消费者基本上都在进行"少数者博弈"。你想去购物，但又不想去人山人海的地方。如果商店是空无一人，又不好玩。就像熊宝宝喝的粥，你要的是恰到好处，不要太多，也不要太少。

8月离开巴黎去度年假的人，也面临着类似的问题。因为大家都认为那个时间段道路会很安静，结果导致凌晨3点就出现了严重的交通堵塞。在股市中，理想的卖出时机是在多数人的看法从看涨转为看跌之前。你正好是少数人的一员。

大约10年前，两位物理学家，达米安·沙莱（Damien Challet）和张翼成（Yi-Cheng Zhang）确立了"少数者博弈论"的结构。从那时起，出现了成千上万篇与之有关的科学论文。这个问题可以用非常简单的文字加以表述，而且有许多实际应用。但是，即使是使用令人毛骨悚然的数学，也难以解决这个问题。总的来说，没有严格的理性运用方式。为了成功，你需要不断调整你的策略。总体结果高度不确定，就像黑色星期五一样。

2015年12月2日

3 不确定性与知识的局限性

英格兰队能否赢得世界杯?

　　这篇口吻更轻松但依然严肃的文章,源自令人难忘的胜利。英格兰板球队战胜了来自澳大利亚的队伍,他们是我们的朋友,但同时也是我们最致命的对手。

　　然而,文章的主题不是板球,而是足球。许多结果不可预测的原因之一,是世界上存在的随机性可能比我们愿意相信的要多。许多足球比赛的结果更多地取决于运气,而不是技术上的差异(安德森,沙利,2013)。

　　因此,有人认为,即使是英格兰队也有可能赢得世界杯。

　　巧合的是,他们在2014年世界杯总决赛阶段的首轮比赛就被淘汰出局。但他们是因为哥斯达黎加队这样不起眼的小球队击败了意大利队这支强队才被淘汰的,这一结果总是被人称为"令人震惊的结果",其中原因太复杂,这里无法解释。

秋天很快就要到了。这个国家体育兴趣的焦点正在发生变化。英国的男子板球队刚刚才让澳大利亚人脸上无光，一个新的挑战就出现了，那就是两场重要的足球世界杯预选赛。

喜剧演员鲍勃·杜拉利（Bob Doolally）表达了许多人的观点，他说："如果勇气、努力和魄力才是最重要的，那么英格兰队伍将会成为世界冠军。但是，只要足球比赛是由技术等相关因素决定的，那么他们还有机会吗？"

这个问题可能比杜拉利先生想象的更加深刻。世界杯比赛究竟多大程度上是由技术决定的，而不是纯粹由随机事件决定的呢？

后者的一个显著例子就是裁判没有发现球已经越过了球门线。如果裁判不同，进球就会被判有效。但是一场比赛的结果可能取决于无数琐碎的事件。一名球员脚下一滑，错过了一次至关重要的铲球，而他原本离成功只差几英尺（1英尺=0.3048米）。

看待此事的一个角度是每场世界杯比赛中的进球数。较高的场均进球数表明强队击败弱队。技巧通过场均进球数体现出来。但是由于每场比赛的进球数太少，随机事件很容易影响比赛结果。

世界杯比赛开始于1930年。当时正赛阶段只有18场比赛，没有预选赛，场均进球数为3.89个。第二次比赛是在1934年，有预选赛，场均进球数为5.35个；而在正赛阶段，各队的平均成绩要稍好一些，但场均进球数仍然只有4.12个。此后，直到1962年正赛阶段的比赛，场均进球数一直很高：在32场比赛中共有89个进球，场均2.78个。

在接下来的50年里，不同比赛的场均进球数呈现小幅波动，但趋势是进球数越来越少。2010年，尽管比赛的场次增加到了64场，但场均进球数只有2.25个。场均进球数如此之低，加上罚球越来越频繁，很明显，正赛阶段各支球队在技术上的差距非常小。这一特点甚至延伸到了预选赛阶段。在2010年的比赛中，参赛队伍不少于200支，几乎世界上的所有国家都参加了比赛，即使一些参赛国很小。但场均进球数只有2.71个。

安德森和沙利的新书《数字游戏》(*The Numbers Game*)对各大全国性联赛，尤其是英超联赛，进行了深入分析。他们运用了经济学家熟知的"非传递性三元组"这一数学概念，表明英超联赛中近50%的比赛结果是由运气而非技巧决定的。

也许正是比赛结果的这种不确定性，才让人们对这项运动产生了极大的兴趣。甚至英格兰队都有机会赢得世界杯。

2013年9月4日

参考文献

[1] Anderson, C. and Sally, D. (2013) *The Numbers Game: Why Everything You Know About Football Is Wrong*. London: Penguin.

[2] Arthur, W. B. (1994) *Increasing Returns and Path Dependence in the Economy*. University of Michigan Press.

[3] Arthur, W. B. (1996) Increasing returns and the new world of business. Harvard Business Review, July-August.

[4] Challet, D., Marsili, M. and Zhang, Y.-C. (2005) *Minority Games: Interacting Agents in Financial Markets*. Oxford University Press.

[5] Ormerod, P. (2005) *Why Most Things Fail*. London: Faber and Faber.

[6] Simon, H. A. (1955) A behavioral model of rational choice. *Quarterly Journal of Economics* 69 (1) : 99-118.

4

创新

正如引言中所指出的那样，以市场为导向的资本主义经济有一个特点，这一特点将它们同以前和实际存在的所有其他经济组织形式区别开来。以市场为导向的资本主义经济带来了缓慢但稳定的长期增长。

200年前，也就是19世纪初期的几十年，工业革命已经在西北欧国家站稳脚跟，并开始向其他地区扩展。当时的英国是世界上最发达的国家。经济史学家对当时英国人均实际收入的确切数值争论不休。但即便是保守估计，现在的生活水平也要比当时高出15～20倍。

经济增长带来的好处不仅局限于更高的消费水平。在过去的两个世纪里，人们的预期寿命也翻了一番，从40多岁提高到80多岁。婴儿死亡率则从每1000名新生儿里的100人左右下降到不足4人。19世纪早期，童工现象在工业工厂中普遍存在；而现在没有人在年满18岁之前就开始工作。

这样的例子不胜枚举。但简单的事实是，资本主义经济缓慢而持续的潜在增长导致世界发生了真正的巨变。从科学的角度来看，试图理解这一现象应该是经济学的重中之重。这是迄今为止发生在经济领域最重要的事情。

从18世纪末到19世纪，这确实是早期经济学家们的研究重点。例如，亚当·斯密1776年的杰作《国富论》。

总的来说，我们确实知道实现经济的成功需要什么。那些在20世纪中叶还很贫穷的国家现在已经成了富裕的国家。韩国就是一个显著的例子。

因此，科学的问题就变成了：我们如何应用所需社会和经济结构类型来解释国家之间的增长率差异？从决策者的角度来看，知道这一问题的答案非常重要。从长远来看，即使是微小的变化也会产生巨大的影响。每年1%的增长率可以使经济规模在70年内翻一番。但每年2%的增长率可以在35年内就做到这一点。

一篇学术论文仍然主导着经济学家对经济增长过程的认识。这就是诺贝尔奖得主、美国人罗伯特·索洛（1956）在20世纪50年代建立的模型，该模型在引言部分已经提及。

衡量一篇科学文章重要性的一个关键指标，是它被其他科学家在他们自己的研究中引用的次数。在任何学科中，都很少有论文的引用次数超过1000次。索洛的这篇论文在最近的一次统计中达到了近2.4万次的引用量。

回顾引言，索洛指出，一个经济体的产出取决于三个因素：生产过程中投入的劳动力和资本数量，以及他所谓的"技术进步"。我们可以把"技术进步"看作是最广泛意义上的创新。换句话说，不仅是促进科学知识的发明，还有这些发明在实际应用中的运用。

这个简单的模型为我们提供了一个关于经济增长过程的重大经验启示。大多数在现代市场经济中出现的增长不能用所使用的劳动力和资本的增加来解释。这两种因素都不足以解释经济增长的速度。言下之意，经济增长主要取决于"技术进步"或创新。

本书既不是要写成一本教科书，也不是要提供关于经济学学术文献的调查结果。因此，只要提及在索洛发表这篇论文后的60年里，人们进行了大量研究就足够了。索罗论文的大部分内容都在试图确认技术进步的原因。

尽管做了许多努力，但在该领域并未真正取得决定性的突破。例如，各种形式的教育常常被假设为技术进步的关键性因素。这引出了因果关系的问题。国家变得富有是因为它们提供了大量的教育，还是因为富有使他们有能力提供更多的教育？当然，英国过去25年的经验并未表明，大学生数量的大规模增长对提高经济增长率产生巨大作用。

因此，创新是理解经济增长过程的关键。这是经济学这门学科固有的一个难题。经济学关注的是均衡，而创新涉及的是变革与颠覆。

创新无须涉及像分裂原子这样重大的科学突破。实际上在大多数情况下，创新都是在日常背景下以温和的方式进行的。

只需一个例子就足以说明这一点。1981年8月1日，第一个24小时音乐电视频道MTV在电视上开播。它播放的第一首歌曲是具有标志性的，一首非常朗朗上口、古怪的歌曲，歌名是《录像带杀死广播明星》(*Video Killed the Radio Star*)。新技术取代旧技术。继距今大约40年的MTV之后，大众文化的传播方式发生了重大的变革。脸书（Facebook）、谷歌、网飞（Netflix）、优兔（YouTube）一系列难以置信的成功创新，几乎时时刻刻都在产生影响。

第一首MTV歌曲的名字呼应了19世纪早期著名的"卢德分子"的担忧，他们是当时正在被科技取代的传统工人。他们试图通过砸碎那些使他们变得多余的机器来阻止这一过程。

自资本主义形成伊始，这种紧张关系就一直存在。新技术对特定工人群体的影响显而易见。他们失去了工作。新技术不那么明显但最终更为强大的影响是，它提高了所有人的消费能力，因为创新使相关产品或服务更加优惠且品质更好。

那些矿工究竟怎么了？
冲击和经济的恢复能力

　　20世纪80年代初的英国，撒切尔夫人领导的政府与煤矿工人工会之间产生了重大纠纷。这最终导致了1984年至1985年间的一场激烈罢工，之后英国大部分剩余矿井迅速关闭。即使在今天，仍然有人要求对矿工和警察之间发生的冲突进行公开调查。

　　对这一要求的宣传促使我写了这篇文章。文章关注的是英国以采煤为主业的地区在随后几十年的就业情况（奥默罗德，2010）。不同地区在这方面的差异很大。一些地区经济繁荣，就业增长强劲；其他地区却停滞不前。但是，在罢工期间越是激进的地区，其经济表现就越差。变化应该被接受，而不是被憎恨。

　　所有的矿工都去哪儿了？从英国广播公司和其他左翼媒体的言论来看，距离撒切尔夫人当政时关闭矿井已经过去了近30年，整个英国都被摧毁了，英国人民深受佝偻病、失业和地方性贫困的困扰。

但事实并非如此。确实有少数地区的就业情况从未真正从20世纪80年代的煤矿关闭中恢复过来。但是，同样地，也有一些以前的矿区现在繁荣起来了。

30多年前，也就是1983年，在英国共计450多个地区中，有29个地区的矿业从业人数占全部就业人数的10%以上。只有少数地区现在仍因矿井关闭而伤痕累累。旺斯贝克位于荒凉的诺森伯兰海岸，1983年，采矿业创造了这里21%的工作岗位。如今，这里的就业率仍比当时低25%。而在其他地方，现实并不像想象的那样糟糕。

位于南威尔士山谷顶端的老矿区是工业衰败的象征。但在梅瑟蒂德菲尔，工作岗位比1983年增加了8%。必须承认，在位于埃布韦尔的布莱奈–格温特郡，就业人数减少了12%。但是这不是永久性的破坏。在达勒姆海岸的伊辛顿，矿工在当地全部就业人口中所占的比例不低于41%。但即使在这次毁灭性打击（导致该地区流失了近一半的就业岗位）之后，如今的就业率也只比1983年低了9%。

相比之下，也有真正的成功案例。莱斯特郡西北部和斯塔福德郡南部曾经有很多矿工。但现在，这两个地区的就业率比1983年时高出了近40%。

在恢复力，即经济恢复能力方面，各个矿区的情况存在很大的不同。三年前，我在《应用经济学快报》（*Applied Economics Letters*）上发表了一篇短文，介绍了1983年至2002年所有矿区的就业变化情况。英国就业总人数增长了23%，而之前的矿业地区的就业总人数仅仅增长了9%。这是增长，而非下降。

其中的一个关键影响因素是工人的态度。数据分析表明，在1984年年末至1985年年初的那个冬天激烈而充满争议的矿工罢工中，一个地区越是激进，其随后的表现就越糟糕。在作为成功案例之一的莱斯特郡，最初只有10%的当地人支持罢工。而在旺斯贝克，则有95%的人支持罢工，即使在1985年3月罢工迅速结束时，仍有60%的人没有回到工作岗位。

无论在国家还是地方，经济都有从最严重的不利冲击中恢复过来的能力。但要成功做到这一点，工人们必须愿意拥抱未来，而不是固守过去。

2013年4月17日

经济学并非总是一门沉闷的科学

❧～∿～❧

人们常常十分担心创新的速度过快。19世纪早期的"卢德分子"对工厂里相对较少的机器感到担忧。但是据说，机器人将会激增，并导致大量的人失业。

这一重要观点值得纳入两篇文章，它们针对创新提出了一个更加积极的看法。第一篇文章基于顶级经济史学家乔尔·莫基尔（Joel Mokyr）及其同事们在领先的《经济展望杂志》上发表的一篇非常容易理解的论文（莫基尔等，2015）。

经济学常被描述为沉闷的科学，但它包含了令人愉快的素材。美国著名经济史学家乔尔·莫基尔的一篇论文让在假期里的人读起来很亢奋。这篇文章是为顶级的《经济展望杂志》（*Journal of Economic Perspectives*）撰写的，完全用英语写成，没有一个数学符号。莫基尔考察了自18世纪末期以来人们关于技术对于经济所产生的影响的焦虑史。

目前我们恰恰生活在这样一个忧心忡忡的阶段，因为人们普遍担心机器人会毁掉我们的工作，并接管世界。太阳底下没有什么新鲜事。两个世纪前，同样的担忧也普遍存在。人们相信新式工厂里安装的机器将导致大规模失业。

莫基尔干脆利落地指出，人们会同时对一个影响完全相反的问题感到焦虑。也就是说，我们已经没有办法了，技术的进步将停滞不前。

19世纪早期，伟大的英国经济学家大卫·李嘉图（David Ricardo）在他的《政治经济学原理》（*Principles of Political Economy*）一书中恰恰就提出了这个问题。如今，美国许多知名经济学家也有同样的担忧。

200年前，反对机器的最著名的群体是"卢德分子"。他们四处捣毁机器，痛打所有他们能找到的倒霉工厂主。但稍晚些时候的"斯威船长骚乱"（Captain Swing riots）也很普遍，尤其是在农村地区，而且往往更危险。莫基尔指出，"占领华尔街"运动是现代版的"斯威船长骚乱"，这是一场完全温和的运动。事实证明，"斯威船长骚乱"主要针对的不是农民使用的新型脱粒机，而是反对使用廉价的爱尔兰移民劳动力。

无论如何，工人阶级在19世纪上半叶提出的主要抱怨是，他们被要求工作的时间特别长，这一观察结果很难与工作岗位遭到大规模淘汰的说法相吻合。

最终，"卢德分子"担忧机器会使工人陷入贫困的情况并没有发生，其中的主要原因很好理解。技术变革增加了对于新技术相辅相成的其他工种的需求。因此，举例来说，大量的新工厂和公司需要大量的主管和经理。产品创新创造了全新的市场，需要全新的工种。

这一过程一直在继续。正如莫基尔所说，"19世纪的政治经济学家缺乏预测在21世纪出现的诸如个人时尚顾问、网络安全专家和在线名誉经理在内的新工种的能力。"

事实上，对于劳动力的需求远远超出了预期。例如，1900年至1930年，美国制造业的周工作时间从59.6小时降至50.6小时。深受厄运商人喜爱的一个简单推论，意味着到2015年，周工作时间仅为25.4小时。当然，创新具有毁灭性。但在资本主义250年的历史中，它的积极影响远远超过了破坏就业的负面影响。

2015年8月26日

厄尼能取代安迪吗？
英格兰银行对自动化的看法

英格兰银行首席经济学家在一次演讲中强调了对于创新影响的积极看法。

英格兰银行首席经济学家安迪·霍尔丹（Andy Haldane）在新闻中预测，英国多达1500万个工作岗位可能会被自动化所取代。这是一个巨大的数字，约占目前就业总人数的一半。

霍尔丹在英国工会联盟年会上的讲话平添了一丝幽默，表示他自己的工作不存在风险。他说，即使十年后，一个"安迪机器人"也不可能向英国工会联盟发表这样的演讲。鉴于英格兰银行最近在经济预测方面的记录，一个愤世嫉俗的人可能会做出类似的反应。用于抽取政府有奖债券（20世纪50年代末推出的国家彩票的原始版本）的原始随机数字生成器厄尼肯定也能做到这一点。

比起媒体那些更加耸人听闻且吸引眼球的观点，他的演讲要富有创见和平衡得多。霍尔丹指出，自250多年前工业革命开始以来，技术在节省劳动力方面取得了稳步而持续的进展。正是这些进步推动了生产力，即每位工人的产出量。自1750年以来，生产力以年均1.1%的速度增长。在英国，如今的就业率占总人口的比例约为50%，与19世纪初的水平非常相似。其他国家的情况同样如此。

好消息还不止于此。工资在整个经济中所占的比重与18世纪时非常相似。实际工资和生活水平随着生产力的提高而提高，技术使人们的工作时间变得更短，并让他们拥有更长的假期。与一个世纪前相比，周平均工作时间已从50小时降至30小时。

在霍尔丹看来，潜在的问题来自可能发生的大规模破坏。最终，自动化将造福社会。但要吸收这些影响可能需要很长时间。

这种悲观主义可能是没有道理的。劳动力市场远比大多数人想象的更有活力、更具进化性。美国劳工统计局记录了每个季度都会发生的"大规模工作岗位变动"。数以百万计的公司每个季度都会决定增加或减少员工人数。从这个季度到下个季度，会有成千上万的公司开张或倒闭，即使在经济衰退时期，大量的就业机会被创造出来。

就业的净变化，即创造的就业岗位和流失的就业岗位之间的差额，在任何一个单一的季度都是很小的。但它们掩盖了一个不断变化和流动的巨大旋涡。苏联有"稳定"的工作，但它最终还是解体了。在英国部分地区的城镇，有很大一部分工人在政府部门里拥有"稳定"的工作，但他们很穷。西方经济体习惯于变化。这是它们的命脉，也是它们成功之道。

尽管新"卢德分子"不会喜欢这种情况，但英国必须继续发展（无人驾驶）运输

英国宣布在高速公路上进行无人驾驶卡车试验，这激起了普遍的愤怒和疑问，人们想要知道，新的工作岗位将从何而来。这篇文章用一些实际的例子解答了这一问题。

英国宣布将在高速公路上进行无人驾驶卡车试验，这应该是一件值得庆祝的事情。人类的聪明才智再一次推动了前沿科技的发展。

但媒体对此的普遍反应却是焦虑与担忧，有人提出了完全矛盾的论点来反对无人驾驶汽车技术。

例如，有人认为，有了无人驾驶汽车并不意味着你可以召唤一辆汽车到你家门口，然后就可以不受惩罚地往返于酒吧。反对进步的人满怀信心地宣称，酒驾法律仍然适用于乘坐无人驾驶汽车的人。然而，也有人声称，涉及无人驾驶汽车的事故责任概念尚未形成。在此之前，无人驾驶汽车不能被合法使用。

与铁路的采用规律一样，围绕一项革命性技术的法律需要一段时间的发展演进。但是，应该有一个人举着红旗走在火车前面的想法很快就被束之高阁。新技术太方便了，不能以这种方式阻碍它的发展。

反对无人驾驶汽车和卡车的声音似乎到了"卢德分子"的程度。目前从事车辆驾驶及相关行业的人将会失业。新的岗位将从何而来？

我正在阿伯丁郡的乡村别墅酒店里撰写这篇文章。房间里有一本专门介绍婚礼的杂志。这是对昂贵的流行文化的讴歌，它告诉我们大量有关劳动力市场如何演变的信息。

现代婚礼的很多活动所涉及的工作，要么是几十年前根本不存在的，要么就是只为极少数超级富豪服务。

例如，婚礼场地的广告通常会强调，在规划阶段他们会为你指派一位专门的婚礼协调员。而专职婚礼事务经理将确保婚礼当天一切顺利进行。可以聘请婚礼服饰专家就服装的选择提出建议。人们可以，也确实会花大价钱被告知"如果你打算在盛夏的西班牙结婚，天鹅绒等厚重的材料是不可取的"。

专门的舞蹈课程让新娘和新郎可以表演"精心编排的精彩的第一支舞"。围绕母鸡和雄鹿事件的潜在活动是无限的。一天的探险活动包括"平衡车塞格威（Segways）

或太空球（zorbing）"。

婚庆公司所提供的特定健身课程可以确保不仅新娘和新郎，甚至他们的整个后援团队看起来都有健美的身材。甚至你忠实的狗狗也可以为这个场合打扮，通过食用有机狗粮而光彩照人。遗憾的是没有关于纯素食犬类食物的广告……

这是创新如何影响经济的一个缩影。技术能够提供更加物美价廉的商品或服务。一些牵涉其中的人失去了工作。但其他所有人都富裕起来了，他们的额外支出创造了全新的工种。

2017年8月30日

总往好的方面想

　　与创新将非常迅速地摧毁大量工作岗位这一观点完全相反，一个主要受到支持民主党的美国学者支持的颇具影响力的思想学派认为，创新的步伐已经显著放缓（简，2014；戈登，2012）。

支持这一观点的人和那些认为机器人会破坏就业的人一样悲观。但他们担心的是，由于缺乏创新，未来的经济增长将比过去缓慢得多。我引用证据来支持这样一种观点，即创新正在加速。

美国经济的复苏势头迅猛，过去三个月内，就业人数净增了近50万。英国国家统计局认定，英国从未出现过双谷衰退，经济报道的基调已转为正面。

但经济学被称为沉闷科学并不是毫无原因的。从更长远的角度看会是什么样的呢？在这里，不缺乏悲观绝望。汇丰银行首席经济学家简世勋（Stephen King）2013年出版了一本有趣的佳作——《货币放水的尽头》（*When the Money Runs Out*）。悲观情绪影响了美国学术经济学机构的高层。

2012年8月，美国国家经济研究局发布了罗伯特·戈登（Robert Gordon）的一篇颇有影响力的论文，这些悲观的看法正是源于这篇论文。论文的标题提出了一个尖锐的问题："美国的经济增长结束了吗？"戈登的回答基本上是"是的"。在他的论文中对于此观点有一些不同的看法，但他对美国经济在21世纪余下时间里的前景持悲观态度。

对于戈登来说，基本的问题是，所有重大的技术革新都已经结束了。1750年至1850年出现了蒸汽机和铁路。在19世纪的最后几十年里，内燃机和电力奠定了我们现代生活方式的基础。他认为，我们在1960年进入了信息时代，尽管这带来了好处，但它对经济增长的推动作用正在逐渐消失。

一个关键的问题是，这种看法是否正确。预测新技术将如何应用困难极大，它们的全部潜力可能需要几十年才能得以实现。国际商业机器公司（IBM）董事长托马斯·沃森（Thomas Watson）在1943年发表了一份声名狼藉的声明："我认为全球市场可能只需要5台电脑。"

即使在该事件发生之后，新科技的影响也很难确定。在经济史学家中仍然存在一股强大的思潮，认为铁路对于19世纪美国的经济增长没有产生什么影响。这个命题虽然在外行人看来荒唐可笑，但还是有人相信了。

但是，显著的进步不仅发生在信息技术和通信领域。能源利用和开采同样取得了重大突破。例如每加仑（1英制加仑=4.546092升）能跑300英里的汽车、页岩气以及可再生能源和能量存储的巨大潜力。生物技术则更加令人兴奋。人类可能很快就能健康地活到200岁甚至更久。社会生物学可能会为我们带来如何处理如吸毒成瘾和犯罪等重大社会问题的深刻新见解。

　　资本主义的发展关键的要求不是技术上的，而是政治上的。法治和私有财产的基本制度结构必须得到维护，让创新者收获他们的劳动成果。

2013年7月3日

我们只想说：给资本主义经济一个机会

　　无论人们如何看待创新的最终影响，近年来美国与欧盟在创新方面都存在明显的分歧（范·阿尔克等，2008）。自英国脱欧公投以来，脱欧选民一直备受都市自由派媒体的抨击。比较客气的指责之一是，"他们太愚蠢了，不懂其中涉及的问题"。

　　但是，欧盟许多国家对待创新的态度及其创新能力确实存在问题。

　　过去一周的证据显然与这一假设相符。欧盟委员会要求英国额外支付17亿英镑是基于追溯到1995年的计算。对于国内生产总值构成方式的修正意味着，英国的经济状况比之前预想的要好，因此我们必须支付更多费用。这纯粹是送给反欧盟政党的一份礼物。

荒谬的事情并没有就此结束。如果英国因为成功要受到惩罚，那么，在这种扭曲的世界观中，用退款的方式来奖励失败的法国经济或许是合乎逻辑的。而且德国也应该得到回报。但是令人难以置信的是，塞浦路斯和希腊，这两个灾难性的烂摊子，却要支付更多。

欧盟的根本问题在于，成功的资本主义经济的基本优点正受到更加系统性的压制。基于确凿的证据，经济学家们达成了强有力的共识：发达经济体长期增长的主要决定因素是创新。

欧盟委员会在这方面口惠而实不至。但总体而言，欧洲在创新方面仍远远落后于美国。创新这一概念涵盖了一系列因素。其中之一是学习如何从一组的给定投入量中产生更多的同类产出，这是贯穿整个经济的一个持续过程。

更为重要的是，发明创造了开发全新产品的可能性，无论是商品还是服务。发明是经济增长的必要条件，但更为重要的是一个经济体将发明从能够创造新产品的想法转变为实际创造产品本身的能力。

近几十年来，在信息和通信技术领域建立的大型公司几乎都是美国公司。现在，包括微软、谷歌和脸书

（Facebook）在内的名单上又多了一家来自中国的信息和通信技术巨头——阿里巴巴。

2008年，巴特·范·阿尔克（Bart van Ark）及其同事在顶级的《经济展望杂志》（*The Journal of Economic Perspectives*）上发表了一篇重要文章，研究了金融危机爆发前20年欧洲和美国之间不断扩大的生产力差距。他们得出的明确结论是："欧洲生产力放缓的原因是欧洲知识经济的兴起速度慢于美国。"

这种缺乏活力的现象表现为许多欧洲经济体在短期内无力从危机中复苏。当然，一个关键原因是欧盟委员会和欧洲中央银行的宏观经济和金融政策。但在欧盟，通过经济学家所谓的"寻租"比通过创新赚钱要容易得多。利用垄断，游说监管机构，勾选一些方框，这些就是报酬。创新具有破坏性，但欧洲比以往任何时候都更需要鼓励创新。

2014年10月29日

人工智能与未来

美国和欧洲之间的强烈反差也是这篇文章的重点，文章特别探讨了快速发展的人工智能科学（阿莱特拉斯等，2016；克劳福德，卡洛，2016；总统行政办公室，2016）。

人工智能（AI）的兴起引起人们持续的担忧。最近的风波出现在2016年10月末。顶级的伦敦大学学院计算机科学系的研究人员声称，一种人工智能算法能够正确预测欧洲人权法院审理的79%的案件的结果。

为国内优质媒体撰写社论的文科毕业生对当前人工智能的恐惧如此强烈，致使这项研究遭到了坚决的谴责。在这些问题上，计算机永远不能取代人类的知识和经验。

但在现实生活中，算法被越来越多的律师事务所使用。法律本质上是一系列长期以来形成的规则。民法的许多领域都非常复杂。计算机可以筛选大量的材料，为人们节省大量的宝贵时间。

从疾病的早期识别，到降低数据中心的能源成本，再到决定是否发放贷款，人工智能的应用在许多不同领域迅速扩展。凯特·克劳福德（Kate Crawford）与瑞安·卡洛（Ryan Calo）在最新一期的科学杂志《自然》上发表的一篇文章显示，美国对运用人工智能的技术的投资已从2011年的约4亿美元飙升至2015年的20多亿美元。他们援引国际商用机器公司首席执行官罗睿兰（Ginni Rometty）的话称，未来10年，人工智能系统拥有2万亿美元的市场。

本月早些时候，白宫发布了一份关于人工智能前景的报告，该报告基于4场在美国多地举办的、由顶尖专家参加的研讨会，会议主题是人工智能将如何改变我们的生活方式。

美国政府认识到，这种极具破坏性的新技术在许多方面带来了新的风险。但是，铁路也是如此。1830年，在利物浦至曼彻斯特铁路的通车仪式上，"火箭号"机车撞死了内阁大臣威廉·赫斯基森（William Huskisson）。有人严肃地建议，手持红旗的人应该走在火车前面，而这将使这项技术的意义荡然无存。

但这些风险并没有阻止铁路在世界范围内的普及。同样，白宫的报告得出结论称，"人工智能拥有成为经济增长和社会进步重要驱动力的潜力"。

这份报告充满了关于人工智能的有趣信息和看法。这也是一个案例，说明了为什么美国仍然是世界上最具创新力的经济体。总的来说，美国人把创新交给商业公司。但就国家利益而言，公共部门与私营部门共生共荣。它们制定了一个庞大的人工智能基础研究项目，同时又坚定地着眼于人工智能的实际应用。

正如美国在生物技术领域的做法一样，其目的是让政府提供足够数量资金、技能和创意，然后由公司在此基础上继续发展。美国正再次拥抱未来。

2016年10月26日

生物技术驳斥了针对金融城
短视主义的指责

在自由主义精英圈子里，美国和英国的金融市场经常被批评为过于短视，与欧洲大陆所谓的长远观点形成鲜明对比。

《金融时报》（*Financial Times*）前编辑杰弗里·欧文（Geoffrey Owen）与萨塞克斯（Sussex）大学学者迈克尔·霍普金斯（Michael Hopkins）合著了一本关于高度创新的生物技术产业的书——《科学、国家与城市》（*Science，the State and the City*），强烈反驳了上述观点（欧文，霍普金斯，2016）。

生物技术发明从研发、测试到推向市场至少需要10年时间，15年更是常态。但是美国和英国在生物技术领域领先世界，这与所谓的短视眼光完全相反。欧文和霍普金斯的书不仅描述了成功的产业是如何发展的，而且描述了通过法令和自上而下的方法来发展这些产业的尝试被证明远没有那么成功。

日本巨头软银拟收购极为成功的ARM控股公司的消息见诸报端。ARM很好地利用了物联网这一炙手可热的概念。

英国在生物技术方面同样表现不俗。2016年7月末在金融创新研究中心的一次研讨会上，该行业受到了密切关注。《金融时报》前编辑杰弗里·欧文和苏塞克斯大学学者迈克尔·霍普金斯介绍了他们的新书《科学、国家与城市》。

在世界范围内，英国在生物技术领域仅次于美国，在该行业的关键绩效指标上超过其他所有国家。欧文和史密斯的书源于这样一个事实：我们远远落后于领头羊。例如，美国科学家的论文在所有生命科学学术期刊上的引文率达45%，而我们只有15%。英国政府在卫生研究和开发领域的支出大约是欧洲邻国的两倍，但美国的支出至少是我们的10倍。

我们在这些领域和其他决定高技术产业成败的领域，排名第二，远远落后于第一名，我们在上述领域的排名相互反馈并不断累积。其结果是，美国生物技术公司的市值是英国同类公司的20多倍。

为什么会出现这种情况？毕竟，脱氧核糖核酸的双螺旋结构是由英国科学家克里克（Crick）和沃森（Watson）发现的，这可能是20世纪最伟大的科学发现，也是使这一切成为可能的原因。

欧文和霍普金斯小心翼翼地打破了一个神话，那就是要负责任的实际是金融城的短视眼光。人们常常将其与德国和日本的长期主义做法相提并论。在生物技术行业，从科学发现到产品上市的时间周期至少为10年，往往长达15年。但是，所谓的短期化的盎格鲁-撒克逊经济体却正是迄今为止在生物技术领域表现最好的经济体。

然而，他们也注意到，英国学者似乎对发表学术论文和获得更多的研究经费比对商业化过程更感兴趣。创办生物技术公司的创业型科学家络绎不绝，但与美国相比，这只是少数英国人的喜好。

美国的产业聚集，公司集中在旧金山和波士顿。英国也是如此，主要在剑桥附近。但是，欧洲各国政府以自上而下的统制方式发展产业集群的尝试并未奏效。

欧文和霍普金斯认为，美国的成功基于自下而上的进化过程，在这个过程中，一个成功的生态系统出现，而不是被设计出来。创业型学者、教学医院和风投资本自发合作，互利互惠。美国政府也提供了帮助，为研究和监管改革提供大量资金，这有助于行业的发展。这一教训对于发展具有普遍意义。公共部门可以促进成功但不能指挥成功。成功来自具有适当动机的个人动力。

2016年7月27日

搁浅资产与创新

> 创新发挥至关重要作用的另一个领域是能源领域。人们确实对全球变暖感到担忧。西方政界人士试图通过改变碳定价等激励措施，或者通过制定规则和条例来解决这一问题。这些方法遇到了一个基本问题，即全世界的人们仍然希望获得更好的生活。他们希望经济增长，因此限制能源消费的方法受到了限制。
>
> 这篇文章提出了一种不同的观点。英格兰银行行长发表讲话，警告拥有大量碳资产的公司可能会被"搁浅"（卡尼，2015）。煤炭现在似乎存在价值，但是由于使用受到限制，未来将很有可能无法开采。

巧合的是，几乎同时，加利福尼亚突破研究所的一篇论文认为，技术，即创新，打破并改变了能源消费模式（谢埃伦伯格，诺德豪斯，2015）。能够帮助我们解决这方面问题的恰恰是创新。

英格兰银行行长马克·卡尼（Mark Carney）在9月底的一次演讲，招致了化石燃料行业的强烈不满。他认为，该行业的投资者面临着"潜在的巨大损失"。各国政府为阻止气候变化所采取的行动，可能会使大多数煤炭、石油和天然气储备"基本上无法燃烧"。

更严格的碳基能源使用法规，加上更高的税收，可能会让化石燃料公司的资产"搁浅"。"搁浅"是气候变化领域的新热词。资产可能会被搁浅在地下，因为以任何有意义的速度提取这些资产已经变得不切实际。

加利福尼亚突破研究所的特德·诺德豪斯（Ted Nordhaus）和迈克尔·谢埃伦伯格（Michael Shellenberger）发表了一篇引人入胜、论证严密的论文，文章从不同角度阐述了能源资产是如何被搁浅的。他们提供了大量的历史实例。

在19世纪中叶，美国人每年要使用大约286万升的鲸油，主要用来点灯照明。自1858年第一次开采出石油后的两年内，石油工业的产量就达到了这一水平。捕鲸者放弃现有工作到油田工作。鲸油这一资产被"搁浅"在海洋中的鲸鱼身上。从几百年前英国工业的最初萌芽到19世纪，木材一直是工厂和鼓风炉的主要能源。煤炭使木材燃料工业搁浅。1900年，英国国土的森林覆盖率只有2%~3%，如今，这一比例为10%~12%。

诺德豪斯和谢埃伦伯格认为，技术变革将一如既往地成为全球能源领域大规模资产搁浅的主要驱动力。无论是19世纪从木材到煤炭，还是21世纪像美国目前正在进行的从煤炭到天然气的转变，向新能源大规模过渡的主要驱动力一直都是新能源更清洁、更便宜、更实用这一事实。

这就是伟大的哈佛大学经济学家约瑟夫·熊彼特（Joseph Schumpeter）提出的毁灭性技术的经典概念。这些技术是如此的优越，简直可以说是横扫竞争对手。在铁路开通的几年内，伦敦到爱丁堡的公共马车服务就消失了。

人类对更多的热量、光亮和能量的追求，一直是发明和创新的主要动力。就在2015年10月，比尔·盖茨宣布了一个与中国政府合作开发新一代核反应堆的项目，该反应堆不仅不会熔化，而且能回收废料作为燃料。

对能源的需求将继续增长，尤其是在发展中国家以及像印度和中国这样人口众多、有抱负的国家。碳定价、排放上限以及西方国家可能实施的各种监管措施，都不会改变这一需求。化石燃料可能真的会陷入困境。这不是因为官僚主义，而是因为核能和可替代能源技术的创新和突破。

2015年10月21日

英国的新产业政策：
我们能否从过去的错误中吸取教训？

这篇文章的灵感来自比尔·詹韦（Bill Janeway）的一本书，他是华平投资团队的领导者（詹韦，2012）。他提出的一个基本观点是，无论是科学研究和发明，还是随后通过实践创新进行的开发，都必然造成大量的浪费。许多这样的创新企业都将失败。它们不能为那些仅能稍微增加知识或对现有技术进行微小改进的项目提供安全保障（英国商业、创新与技能部，2013）。

"产业政策"一词似乎把我们带回到几十年前。1964年，新任工党首相哈罗德·威尔逊（Harold Wilson）的一句强有力的口号是，英国需要拥抱"白热化的技术革命"。可悲的是，到20世纪70年代，这一愿景已经沦为一系列机构，充斥着无趣的商人和工会分子，他们开会决定如何支撑英国经济中又一个失败的领域。

但这个概念现在又重新流行起来。也许令人惊讶的是，考虑到历史经验，联合政府选择了保留工党的英国技术战略委员会这一半官方机构。技术战略委员会拥有4亿英镑的预算，用于"通过刺激和支持商业主导的创新来加速英国的经济增长"。公共部门的购买决策是技术战略委员会实现这一目标的重要方式。

受英国商业、创新和技能部委托，葛兰素史克公司首席执行官安德鲁·维迪爵士（Sir Andrew Whitty）于10月起草了一份报告，探讨了大学如何更好地支持经济增长和推动出口。

维迪呼吁出台"箭头项目"，支持英国引领世界的尖端技术和发明，用一个糟糕透顶的双关语来说，就是"尖端大学"。英国大学和科学国务大臣戴维·威利茨（David Willets）称赞了这份报告。他用充满苏联五年计划色彩的语气说："我们正大踏步地帮助大学实现在'八大前瞻技术'下工作的商业化。"

这样的演讲和报告的意义和内容很容易遭到嘲笑。但其用意却值得我们严肃对待。回想20世纪60年代和70年代这20年，激进分子曾谴责美国的"军工复合体"。然而，正是国防和安全部门与高科技商业公司之间的相互作用，使美国继续在技术创新方面引领世界。

比尔·詹韦引人入胜的新书《创新经济中的资本主义》（*Doing Capitalism in the Innovation Economy*）给出

了许多这样的例子。互联网是广为人知的发明，其他发明还包括自动语音识别和数字计算。詹韦通过发展和领导华平投资团队，而不是通过金融投机或复杂的衍生品交易积累个人财富。华平投资团队为一系列打造互联网经济的公司提供资金支持。

詹韦提出的一个基本观点是，无论是科学研究和发明，还是随后通过实践创新进行的开发，都必然涉及大量的浪费。

这是英国官僚们过去一直无法理解的。真正具有开创性的想法是无法预先设想的。

同样，其实际应用价值在实现之前也是无法想象的。

这意味着，许多这样的企业将会失败。它们无法为增加少量知识或对现有技术进行微小改进的项目提供安全保障。因此，"箭头项目"和技术战略委员会应该受到欢迎，前提是他们和公共账目委员会认识到大多数事情都会失败。

2013年12月4日

为什么板球比赛就像垃圾邮件？

这篇文章对人类的进化过程采取了一种更为轻松但仍然严肃的观点。英格兰板球队刚刚在第二局中惨败，未能达到澳大利亚队制定的极高的总得分。但近年来，球队在这种情况下取得大比分的能力确实有了显著提高。

本文从更长远的角度，探讨了板球运动中球棒和球之间的进化斗争。在垃圾邮件的世界里也存在着类似的情况，垃圾邮件的发送者和接收者也在玩一个创新的、进化的游戏（柯博，格拉斯，2013）。

假期活动已经如火如荼地展开，但我们的小伙子们在第二场测试赛中未能接近澳大利亚队设定的极高的分数509分，这给他们蒙上了阴影。即使认为他们能够接近这一制定分数，也可能显得很荒谬。但是板球队的能力似乎正在发生转变，使其在第四局中取得高分。

ESPN Cricinfo[1]网站的统计编辑S. 拉杰什（S. Rajesh）有一篇引人入胜的文章，讨论了在板球比赛最后一局中击球是否变得更加容易。在板球测试赛140年的历史中，球队在最后一局得分达到350分或以上的情况只出现过49次。其中，不少于21次是发生在过去10年里。面对这样的挑战，胜算仍然很小。获胜的球队总共只有9支，在最近的10年里，只有4支球队赢了，但是得分的能力似乎大大提升了。

在第二次世界大战之前，球队打出350分或以上成绩的情况只5次。诚然，其中一次是1939年英格兰在南非创造的654：6这一不朽战绩。这场比赛没有时间限制，英格兰队达到696分的制定分数就算获胜。但在第10个比赛日结束时，英格兰队不得不以平局的结果放弃了比赛，这样他们才能赶上回国的船。从1945年到1995年的50年间，随着更多的测试赛的进行，只有14次得分超过350分的情况发生。

拉杰什对第四局总分的显著提高给出了一些解释。在二十20板球比赛技术的推动下，更高的得分率意味着，球队倾向于在比赛中更早地开始他们的最后一局，此时球场损坏的可能性更小。而且一般来说，球场的维

---

[1] 美国一个专门介绍关于板球的网站。

护较好，所以球场的损坏较小。

这一切听起来合情合理。但这种变化可能不会是永久性的。垃圾邮件过滤的原理说明了原因。攻击方，即垃圾邮件的发送者，不断地改变策略，试图突破；而防御方也在发展自己的技术。目前，防守方处于领先位置，美国赛门铁克公司声称，现在的垃圾邮件率比以往任何时候都要低。

但我们以前也曾遇到过这样的情况。2012年，臭名昭著的俄罗斯僵尸网络被垃圾邮件斗士捣毁，垃圾邮件数量因此下降了一半，但又反弹回来。同样，板球比赛中也有敌对双方，策略也随着时间的推移而变化。他们只是需要更长的时间来制定和完善策略。

在两次世界大战之间，由于击球技术的改进占据了主导地位，很快就可以创造大比分。防守方随后占了上风。外野手的运动能力更强，防守位置更好。投球技术在遏制击球手的能力方面有所进步。

在任何一个进化系统中，如果两个对手相互对峙，结果都会发生波动。垃圾邮件和板球只是其中的两个例子。也许就连英格兰队也能学会如何打出超过103分的成绩。

2015年7月22日

参考文献

[1] Aletras, N., Tsarpatsanis, D., Preotiuc-Pietro, D. and Lampos, V. (2016) Predicting judicial decisions of the European Court of Human Rights: a natural language processing perspective. *PeerJ Computer Science* 2: e93 (https://doi.org/10.7717/peerjcs.93) .

[2] Carney, M. (2015) Breaking the tragedy of the horizon - climate change and financial stability (http://www.bankofengland.co.uk/publications/Documents/speeches/2015/speech844.pdf) .

[3] Colbaugh, R. and Glass, K. (2013) Moving target defense for adaptive adversaries (https://www.osti.gov/scitech/servlets/purl/1115999) .

[4] Crawford, K. and Calo, R. (2016) There is a blind spot in AI research. *Nature* 538: 311-13 (doi:10.1038/538311a) .

[5] Department for Business, Innovation and Skills (2013) Encouraging a British invention revolution: Sir Andrew Witty's review of universities and growth.

[6] Executive Office of the President (2016) Artificial intelligence, automation and the economy, December (https://www.whitehouse.gov/sites/whitehouse.gov/files/images/EMBARGOED%20AI%20Economy%20Report.pdf) .

[7] Gordon, R. J. (2012) Is US economic growth over? Faltering innovation confronts the six headwinds. NBER Working Paper 18315.

4
创
新

[8] Janeway, B. (2012) *Doing Capitalism in the Innovation Economy*. Cambridge University Press.

[9] King, S. D. (2014) *When the Money Runs Out: The End of Western Affluence*. Yale University Press.

[10] Mokyr, J., Vickers, C. and Ziebarth, N. L. (2015) The history of technological anxiety and the future of economic growth: is this time different? *Journal of Economic Perspectives* 29 (3) : 31-50.

[11] Ormerod, P. (2010) Resilience after local economic shocks. *Applied Economics Letters* 17 (5) : 503-7.

[12] Owens, G. and Hopkins, M. (2016) *Science, the State and the City*. Oxford University Press.

[13] Schellenberger, M. and Nordhaus, T. (2015) How to strand assets: nature saving through disruptive technological change (https://thebreakthrough.org/index.php/voices/michael-shellenberger-and-ted-nordhaus/how-to-strand-assets) .

[14] Solow, R. M (1956) A contribution to the theory of economic growth. *Quarterly Journal of Economics* 70 (1) : 65-94.

[15] Van Ark, B., O'Mahoney, M. and Timmer, M. P. (2008) The productivity gap between Europe and the United States: trends and causes. *Journal of Economic Perspectives* 22 (1) : 25-44.

格格
不入

经 奥
济 默
学 罗
思 德
维 的

5 —— 网络

　　贯穿本书的一个主题是，科学理论近似于现实。人们通过假设来简化世界的高度复杂性，以便尝试理解这一复杂性。

　　本书另一个主题是，经济学从根本上说是一种关于主体如何在不同选项之间进行选择的理论。

　　在经济学理论中，主体是相互联系的，他们的决定会受到其他主体选择的影响。但这一影响是微妙的。这种联系和影响是通过他人的买卖决定对价格产生的影响而间接存在的。如果我喜欢的东西需求增加，生产者因此提高价格，我就会受到影响。

　　但是人们还是认为我喜欢的东西和价格上涨前一模一样。只是我可能买不起之前那么多东西了。别人的决定影响了我，但只是以这种间接的方式产生影响。

　　正如经济学家所说的，假设个体独立运作，他们喜欢什么和不喜欢什么，他们的品位和偏好不受他人的直接影响，这有多少合理性？

　　纵观历史，我们可以发现人类行为明显违背这一假设的例子。我们有时会模仿别人的行为、选择和观点。

换句话说，我们追随他人的选择。

我们可以从人类学家记录的3500年前中东赫梯帝国陶器的流行趋势中看到这一点。今天，我们可以从金融市场上交易者的行为中看到这一点，从众的倾向很容易导致我们此前经历过的繁荣和崩溃。

罗宾·邓巴（Robin Dunbar）等科学家认为，我们异常庞大的大脑（与其他哺乳动物相比）之所以会进化，正是因为从进化的角度来看，复制（观察，然后去做在你的网络中的其他人正在做的事）常常是一个非常成功的策略。

经济学家当然知道时尚驱动行为的市场。他们清楚所谓的金融市场中的"羊群行为"。但如果这些在教科书中被提及，会被认为相当不寻常。

为了理解它们，必须从"盒子"里拿出特殊的工具。在大多数情况下，"盒子"里的标准模型仍然是要使用的模型——它假定我的偏好与他人的偏好无关，反之亦然。

但是在越来越多的情况下，人们所做的选择，他们的态度和观点，都直接受到他人的影响。这种影响传播的媒介就是社交网络。

社交网络通常被认为是一种纯粹基于网络的现象：如Facebook等网站。这些网站确实可以影响行为。但现实生活中的社交网络——家庭、朋友、同事——在帮助我们塑造自己的喜好和信仰、确定我们喜欢什么和不喜欢什么方面同样很重要。

首先，在网络社会，一个人的喜好与他人的喜好无关这一假设是站不住脚的。顾名思义，我们在网络社会中是高度联系的，这些网络直接影响着我们的行为。

因此，举例来说，当我们使用搜索引擎时，会有大量，常常是海量的潜在网站供我们访问。决定它们在屏幕上的出现顺序的一个关键因素，就是在搜索相同内容时选择这些网站的人的数量。此前点击某个网站的人越多，这个网站出现在榜首的可能性就越大。

我们永远不会知道这些人是谁。但我们通过网络与他们建立了联系。他们的选择几乎肯定会影响我们选择点击哪些网站。许多人很少查看屏幕上出现的第一页以外的选项。

在上文关于不确定性和知识的局限性的部分，我们探讨了经济学所假设的另一个方面。这涉及主体对关于他们在特定情境中所面对的选择的现有信息进行收集和处理的能力。同样地，也正是网络社会给经济学中的传统选择理论带来了问题。

20世纪下半叶，最伟大的社会科学家之一赫伯特·西蒙的著作中喜好的独立性和处理信息的能力这两个假设被联系在了一起。我们在2013年11月20日关于世界国

际象棋锦标赛的文章中提到过他。

1955年，西蒙在《经济学季刊》（*the Quarterly Journal of Economics*）上发表了一篇题为《理性选择的行为模型》（*A behavioural model of rational choice*）的论文。虽然这个题目看似没有恶意，但事实却是，这篇论文产生了巨大的影响力。它是实验经济学和行为经济学的灵感来源，而实验经济学和行为经济学是过去30年中发展最快的两个经济学领域。应该说，尽管它不像大多数现代经济学刊物上的文章那样数学化，但读起来却一点儿也不轻松。

天才的特征之一是，他的作品常常超前于时代多年，有时甚至几十年。西蒙在1955年发表的论文便是如此。

无论是主流经济学还是行为经济学，都仍未吸收其核心信息。即使在20世纪50年代，西蒙也认为，人类被如此多的信息轰炸，以至于我们常常缺乏处理信息的能力。理性选择的经济理论在很多情况下都是不可行的。假设根本不是对现实的合理近似。我们只能处理大量现有信息中的一小部分。

他的风格现在是有些过时了，但他文章中一句关键的话是："我们的任务是用一种理性行为取代经济人的全球理性，这种理性行为与包括人在内的有机体在其存在的各种环境中实际拥有的信息获取能力和计算能力相适应。

西蒙坚信，理性经济人模型不能被修改从而处理这个问题。它必须被"替换"。他认为，在做决策时，主体使用的是经验法则，或经济学术语中的"启发式"。这些简单的规则可以突破理性选择理论的复杂性。

他认为，这种规则的一个重要例子就是模仿别人的决定。人们在互联网上搜索后点击的网站就是这个概念的一个实际例子。

但是我们如何使这一规则在实践中发挥作用呢？标准经济学理论的优势在于它很好理解，并且据称无论在什么时间或地点，它几乎在每一种情况下都是有用的。即使我们不认同它的每一个假设，它的核心观点，即主体对刺激的反应，在很多情况下确实得到了经验证据的有力支持。

过去近二十年见证了经济学之外两个重要科学的发展，它们极大地增强了我们对互联网和社交媒体行为的理解。

首先是网络数学的发展。思想或行为的传播方式对网络的特定结构非常敏感。例如，在特定的环境下，是少数人或网站与大量其他人或网站相联系，还是大多数人和网站的连接数量大致相同？

第二个离我们更近。这就是计算机科学中人工智能和机器学习算法的发展。举例来说，这些发展使我们能够获得网络空间中网络结构的完整图谱，而不必依赖于对已知理论结构的近似值。

机器学习可以用来衡量网络上积极或消极情绪的程度。这可能使我们有史以来第一次有能力量化凯恩斯的"动物精神"概念，凯恩斯在《动物精神》一书引言中讨论了这一概念，认为这是繁荣和衰退发生的主要原因。

网络数学和机器学习算法都处于科学的前沿，这两个领域都在迅速发展和演变。在我看来，将这些与经济学的见解结合起来，就有机会更好地理解经济实际上是如何运行的。

这似乎是科学乌托邦主义。更加愤世嫉俗的人肯定会举出过去的例子，在那时人工智能等领域取得重大突破的承诺在现实中并未得到证实。但是在我看来，与数学家和计算机科学家建立联盟，才是真正推动经济学向前发展的途径。

托马斯·谢林，天才的博学者

托马斯·谢林不仅获得了诺贝尔经济学奖，而且是一位伟大的博学者。他的贡献之一是在复制原则的基础上发展出了一种行为规则，这种规则与各种实际情况息息相关。

作为一名社会科学家，他从最平凡的事件中找到了灵感。他在这一领域的主要科学研究受到芝加哥当地报纸体育版上一篇文章的启发（谢林，1973）。

他于2016年年底去世，这篇文章是对其研究的致敬（谢林，1971，2005）。文章描述了他的基于网络的决策复制理论，该理论已被应用于吸烟、酗酒和犯罪等情境。

至少对一些经济学家来说，谢林的模型有一个吸引人的地方是，尽管该模型是基于网络和显然不是独立的偏好，但它援引了经济学中的一个重要概念。这就是"外部性"的概念。例如，一辆造成污染的汽车，会给其他人带来成本，而这些成本是车主在驾驶过程中产生的外部成本。

谢林非常简洁明了地将复制行为解释为外部性的一个例子。例如，在我的社交网络中，戒烟的人越多，迫使我戒烟的压力也就越大。他们个人的戒烟决定会对其他人的行为产生潜在影响。简而言之，它们会产生外部性。

2016年是很多名人死亡的一年，但其中最重要的一位也许鲜有报道。就在圣诞节前，诺贝尔经济学奖得主托马斯·谢林（Thomas Schelling）去世，享年95岁。

在20世纪40年代末和50年代美苏"冷战"早期的紧张年月里，谢林的思想对防止核冲突的爆发产生了巨大的影响。正如他在诺贝尔奖获奖演说中指出的那样，爆发核冲突的危险确实存在。

美国政府在博弈论这门当时的新科学上投入了巨资。你如何处理一种破坏性极强而你不愿意使用的武器，但同时又必须使对方相信你可能使用这种武器？谢林在制定可信威胁战略方面发挥了重要作用。

但他的思想对各种不同问题都有强大的影响力。我们对犯罪、肥胖、吸烟、酗酒等一系列社会问题的理解，因为谢林的研究而有了很大的提高。他发现，这些问题的发展方式具有潜在的相似性。

他在这一领域最重要的研究成果发表在1973年的一篇论文中，论文的标题非常奇特：《曲棍球头盔、隐藏的武器和夏令时——具有外部性的二元选择研究》(*Hockey Helmets*, *Concealed Weapons and Daylight Saving: A Study of Binary Choices with Externalities*)。谢林的灵感来自一份报纸体育版上面的一篇关于冰球的文章，冰球是一项比橄榄球联赛更残酷的运动。

一位明星球员在没有戴头盔的情况下，被飞来的冰球击中头部，伤势严重。记者采访了其他主力球员，他们都没有戴头盔。很明显，他们了解其中的巨大危险。一个理性的经济人，在权衡成本和收益后，总是会戴上头盔的。但当被问及为何不戴头盔时，一位顶尖男子运动员回答说："我不戴是因为其他人都不戴。"

谢林将这一现象具体化为一个数学概念，他称之为"带有外部性的二元选择"。个人面临的选择是二元的。你要么戴头盔，要么不戴。你要么抽烟，要么不抽烟。但是你的选择可能会影响同龄人的选择。如果别人不戴头盔，你戴上头盔就显得很软弱。如果你的朋友都抽烟，你抽烟可能只是为了合群。因此，个人的决定可能产生决定"之外"的影响。理解这一点对于试图影响结果的政策制定者来说至关重要。理性选择理论可能并非总适用。

谢林关于博弈论的思想还在延续。事实上，这些思想似乎影响了美国当选总统特朗普。特朗普发出了许多

希望与普京领导下的俄罗斯合作的信号。但就在圣诞节前，特朗普在推特上莫名其妙地表示，美国应该扩充核武库。实际上他是在发出可信的威胁。普京知道，是里根增加国防开支，才最终击垮了苏联。所以特朗普在一条推特里发出信号：我们想合作，但是如果你们不合作，你们的经济就会因为你们试图追上我们而崩溃。

托马斯·谢林，天才的博学者，我向你致敬！

2017年1月4日

及时补救，我们需要更精明的政府，
但要更少的政府监管

2008年起，读者们已经对托马斯·谢林有了简单的了解。当时的伦敦市长、张扬的鲍里斯·约翰逊（Boris Johnson）刚刚向英国工业联合会发表了演讲，对企业避税和高管薪酬过高进行了抨击。这些现象在相关社会群体中越是被认为可以接受，就越有可能不仅会持续下去，而且还会加剧。

　　几乎在同一时间，两位经济学家在一本顶级期刊上发表了一篇技术含量很高的关于考试作弊的详细分析（卢奇福拉，托内洛，2015）。他们发现，作弊的人越多，更多人效仿这一做法的可能性也就越高。这些效应相互反馈，一个小雪球就可以演变成一场雪崩。

　　政策制定者还没有学会如何令人满意地应对一个行为反馈已变得司空见惯的世界。这个过程一旦开始，随着外部因素的介入，就很难停止了。但是，如果能够在早期阶段成功进行干预，这些行为的连锁反应就可以被阻止。我们需要的是更明智的政府，而不一定是更多的政府监管。

　　约翰逊向英国工商业联合会所做演讲的内容与避税逃税、高管薪酬、轻微犯罪以及学生剽窃之间有什么联系？这又是一个经济学可以帮助我们解决问题的例子。长期以来，经济学家一直以工厂为例，工厂通过自身制造的污染给附近的其他人带来了成本。他们把这种成本称为"外部性"。这些是工厂以外的成本。

　　和畅销书作家丹尼尔·卡尼曼（Daniel Kahneman）一样，托马斯·谢林也是诺贝尔奖得主。1973年，他在那篇高深莫测的论文《曲棍球头盔、隐藏的武器和夏令时——具有外部性的二元选择研究》中将这一概念扩展到了社会领域。论文里的观点是，个体社会选择的最终影响可以被放大很多倍。这种行为，无论是好是坏，都可能被他的同龄人模仿，从而产生社会外部性。

米兰大学的两位意大利经济学家克劳迪奥·卢奇福拉（Claudio Lucifora）和马尔科·托内洛（Marco Tonello）刚刚发表了一份详细的研究报告，其中包含了大量关于考试作弊的数学知识。如今，考试作弊在包括英国在内的许多欧洲国家都很普遍。他们发现，作弊的人越多，更多的人效仿他们这一做法的可能性就越高，这也许并不令人意外。这些效应相互反馈，一个小雪球就会演变成一场雪崩。

两位作者将当前剽窃和作弊浪潮的源头直接追溯到了学校的课堂上，追溯到了一些看似无关痛痒的事情上，比如老师容忍学生抄袭家庭作业这样微不足道的事例上。同样的事情也发生在"破窗效应"的轻微犯罪上。此类犯罪大多发生在贫困街区，这些街区往往有些破败。但是，如果严格执行标准，比如迅速修补破损的窗户，对环境和当地房产的价值都会带来很大影响。

高管薪酬暴涨始于20世纪80年代，当时刚刚私有化的英国天然气公司首席执行官、倒霉的锡德里克·布朗（Cedric Brown）就把自己的年薪提高到了40万英镑这一令人发指的水平。尽管受到公众的谴责，但他还是逃过了一劫，其他高管也看到了这一点。市长约翰逊呼吁企业表现出更多的社会责任感。但到目前为止，我们已经走了很长一段路，企业精神的唯一焦点实际上是实现股东价值和高管薪酬的最大化。

魔仆一旦从瓶子里出来，就很难再将它放回去。政府的本能是想做更多的事，花更多的钱，管更多的事。我们不需要更多的政府监管。我们需要的是更加明智的政府，利用网络上的信息浪潮和现代分析工具，尽早发现潜在的有害趋势。修补破损的窗户不需要大批官僚，只是需要尽早完成。

2012年11月21日

垃圾回音室

在网络化的现代世界中，令政策制定者感到恐慌的一个方面似乎是社交媒体上迅速聚集的风暴。一旦一个主题站稳脚跟，它就会像野火一样蔓延开来。推特审判变得司空见惯，以敌意为焦点，不得不为他或她的罪行进行忏悔（无论是真实的还是想象的）。

2016年5月，大曼彻斯特警方陷入了被动的境地，因为他们对一家大型零售店进行了一次模拟恐怖袭击，袭击者自称是"圣战分子"。尽管这方面的演习与现实世界联系密切，但还是招来了一阵谩骂，警察只好低声下气。

这篇文章关注的是由一个顶尖科学家团队对推特进行的数学化的分析（德尔比卡里奥等，2015）。他们得出的结论是，用户经常形成利益共同体，从而助长了确认偏误、隔离和两极分化。这带来了令人担忧的后果。

上周，大曼彻斯特警方在特拉福德公园的大型零售店里上演了一场模拟恐怖袭击。和许多现实生活中的暴行一样，"屠杀"以呐喊声开始。随着推特上掀起的抗议风暴，警方被迫道歉。

几乎与此同时，人们群情激愤，要求英国广播公司的政论文编辑劳拉·金斯贝格尔（Laura Kuenssberg）辞职，因为她曾大胆暗示，地方选举结果算不上是伟大领袖和导师杰扎（Jezza）的彻底胜利。由于左翼推特用户发布的许多评论具有极强的性别歧视性质，这一运动被终止了。

金斯贝格尔传奇的结束方式实际上很不同寻常。某一言论或行为在社交媒体上引发众怒之后，"有罪"一方几乎无一例外地会承认自己的罪行，并向愤怒的人群表达诚挚的歉意。

社交媒体是一种新的、彻底的颠覆性技术。传统体制和社会规范尚未适应该技术所提出的挑战也就不足为奇了。对于警察涉嫌种族主义的开场白，成千上万的人发出了反对的声音，几乎没有人为警察辩护。公众舆论似乎坚决地反对他们，所以他们屈服于压力并道歉。

但推特和其他社交媒体在很多情况下只是一个回音室。2014年，当苏格兰公投的投票站关闭时，苏格兰民族党领导层中的许多人都相信他们已经赢了。他们的研究人员对社交媒体进行了看似复杂的分析，得出的结论是"赞成"运动领先。实际结果反过来又引发了

各种阴谋论，在支持独立的苏格兰顽固分子之间来回传播。

2015年夏末，美军进行了一项名为"翡翠头盔15"的例行训练。这在社交媒体上引发了诸多担忧，其中最突出的是，联邦政府正计划入侵得克萨斯，内战迫在眉睫。

2016年1月，一个顶尖统计物理学家团队在著名的《美国国家科学院院刊》（*Proceedings of the National Academy of Science*）上发表了一篇论文。他们发现，这些问题在社交媒体中普遍存在，用户经常会形成利益共同体，这助长了确认偏误、隔离和两极分化。由未经证实的谣言、猜疑和偏执所煽动的带偏见的说法开始泛滥。

我们怎么知道是应该认真对待社交媒体上的趋势，还是把它当作一堆互相恶意的无聊人士而不予理会呢？一个在几个不同的社交媒体社区中很少被提及的话题，可能比一个在同一社交媒体社区中被多次提及的话题要重要得多。公共机构需要学习如何区分社交媒体话题，而不仅仅是一贯屈从于暴民。

2016年5月18日

唉，可怜的塞西尔！
经济学理论与狮子之死

在我们这个高度互联的网络社会中，政策制定者面临的一个主要问题是，我们所描述的一个故事的客观内容，可能与故事是否在社交媒体上传播几乎没有关系。理性的政策制定者可能相信某些事情是重要的，但社交媒体可能会有不同的看法。

这篇文章的灵感来自狮子塞西尔的故事。塞西尔是一只游弋在津巴布韦平原上的猫科动物首领。它是被一名大型猎物狩猎者射杀的，这是一次看似完全合法的射杀。这位职业是牙医的美国猎人被强行要求送往津巴布韦处死。

对猎杀稀有物种的有效监管给经济学提出了难题，诺贝尔奖得主奥斯特罗姆（埃莉诺·奥斯特罗姆，2009）的研究尤其具有启发性。

唉，可怜的塞西尔！我亲密的朋友，现在已经不幸去世了。苏格兰喜剧演员鲍勃·杜拉利（Bob Doolally）

的口号表达了推特用户对这头著名狮子离世的悲痛之情。

哀悼中夹杂着断断续续的愤怒，因为长期以来反对酷刑和死刑的人，也要求在不使用麻醉的情况下拔掉这位牙医的牙齿，然后将其送到津巴布韦绞死。

然而，该人持有狩猎证，他并没有受到法律制裁，结果，射杀一头狮子导致社交媒体的全球强烈反应。

在网络社会中，事件的客观内容及其公众关注之间通常只有微弱的联系。这并不像标准经济学理论所假设的那样，人们收集所有可用信息，然后做出深思熟虑的理性选择。受欢迎程度就是以一种戏剧化的方式进行自我强化。

网络理论开始阐明为什么有些故事或产品像野火一样蔓延，而大多数故事或产品却几乎无人关注。这是由于联系的微妙数学属性，而不是由于内容或产品的竞争优势。

经济学在理解塞西尔故事方面做得更好。全世界在猎捕外来危险物种方面有着巨大的需求。猎物和其他狩猎副产品的市场，比如所谓的犀牛角粉壮阳药的市场，可能更大。不受限制地进入这些市场，将导致所谓的"公地问题"。当每个人独立地以理性的方式做出决定，并产生对整个群体不利的结果时，"公地问题"就出现了。资源枯竭，以致消亡。

诺贝尔奖获得者奥斯特罗姆在其职业生涯的大部分

时间都在研究这个问题在渔业和农田等环境中的处理方式。存在一个定义明确的社区，其成员通过共同的价值观和文化规范相互影响，这是成功的良好标志。但是狩猎的冲动是全球性的，因此我们面临着市场失灵。

对狩猎进行监管是津巴布韦政府为数不多运行的职能之一。这是限制获取稀有物种的一种方式，而许可证费用提供了打击偷猎所需的资金。禁止狩猎的呼吁是不明智的，因为这只会放大"公地问题"，导致产生一个塞西尔们灭绝的世界。

2015年8月5日

如果这件事发生在谷歌身上，
谁还能感到安全？

网络社会的网络给政策制定者带来了新的不确定性，这也是本篇文章的主题。谷歌的股价曾出现过一次非常短暂但十分剧烈的暴跌，即便谷歌是当时全球市值最大的公司之一。谷歌公司的股票不得不暂停交易。

近年来，这种"闪电崩盘"越来越频繁。例如，我们看到，2013年4月23日，在一条关于白宫遭遇袭击、总统受伤的虚假推特消息之后，道琼斯指数暴跌130点。

谷歌股价的戏剧性暴跌以及该公司股票的临时停牌成了头条新闻。事件起因是2012年第三季度谷歌公司利润同比下降了20%。

和往常一样，对于为什么会出现这种情况，不乏事后解释！在雅虎财经上简单搜索40多家券商，结果显示，在过去三个月内，所有证券商都建议"强烈买入""买入"或"持有"。没有一家证券商将谷歌的股票评级为"表现不佳"或"卖出"。事实上，在过去的一整年中，谷歌公司的股价或多或少都在持续上涨。总涨幅在30%左右。

然而一旦崩盘，一切都变得非常清楚。很明显，以125亿美元收购摩托罗拉是个错误，因为这家手机制造商已经被时兴的竞争对手甩在了身后。此外，很明显，由于消费者转向移动设备，广告商正在减少点击式广告的支出。

当高薪的分析师把事情弄错时，嘲笑他们是一件很有趣的事情。但是谷歌事件对公司如今不得不在其中运营的世界产生了更为广泛的影响。

互联网的一个具体问题在于，当我们仍处于一种变化不定的状态时，我们如何在这一革命性的传播媒介中定价。标准经济学理论根本帮不上忙。这相当于告诉公司将价格制定为边际成本。换句话说，就是把价格等同于生产和销售一件商品的成本。

但是，对于许多基于网络的应用程序来说，边际成本实际上是零。一旦你的系统建立起来，当下一个客户点击网站时，它就不需要任何成本了。任何公司如果在定价上遵循这一经济规律，很快就会破产。我们只能说，我们正处在一个非常迅速的发展过程之中，还没有人就价格问题得出一个令人满意的答案。

更广泛的问题更普遍地涉及企业声誉。在我们所处的高度网络化和互联互通的世界，公司可能会被对事件完全出乎意料的反应所蒙蔽。谷歌公司知道摩托罗拉和广告费率。更重要的是，谷歌知道分析师了解的情况。但实际的反应似乎完全出乎所有相关人员、公司和分析师的意料。

这种固有的不确定性决定了哪些故事将获得关注，以及以何种方式获得关注，这是网络系统的一个深层特征。在这些系统中，人们对其他人的反应做出反应。即使是小规模的事件或博客上的负面评论也有可能迅速传播开来。在这个新兴的世界，理解和管理声誉是所有公司面临的重大挑战。

2012年10月24日

宾果饮料：聚焦现代社会经济行为

在21世纪的第二个十年里，注意力持续时间和记忆力无疑缩短了，网络社会在这十年里实际上已经成熟。这篇文章主要关注这些时间的缩短，不过这篇文章本身的灵感来自英国商业电视台成立60周年的一项调查，该调查记录了20世纪80年代一则长盛不衰的广告语。

20世纪80年代有小孩或本身就是小孩的读者，都会记得宾果饮料的广告语。这则广告向我们保证，代言人是在刚果喝的。上周公布的一项纪念英国电视广告60周年的调查显示，在2000名受访者中，不少于32%的人记得这首歌。相比之下，只有20%的人能识别出莫扎特的《G大调弦乐小夜曲》（*Eine Kleine Nachtmusik*）。

我们可能会将此现象归结为我们的教育系统在推广高雅文化方面的失败。尽管贾斯汀·比伯（Justin Bieber）的专辑销量超过1500万张，拥有近7000万推特粉丝，但是只有19%的受访者能说出他最近的热门歌曲。

与高雅和通俗的音乐文化形成对比的是，宾果饮料已经将自己的品牌烙在人们的脑细胞中。4/5的人连比伯的歌名都记不住，这或许是因为他的目标受众的年龄特征。但是他们的父母不可能不知道贾斯汀·比伯，就像他们知道有一种饮料，而他们之中很少有人真正喝过这种饮料一样。

造成这种差异的一个潜在原因是，近年来大众文化市场的转变速度明显加快。注意力持续时间缩短了。

由于技术的变革，人们对于20世纪50年代初以来的流行音乐排行榜的历史进行直接比较变得越发困难。尤其是当1952年推出的《新音乐快递》排行榜在2006年停止更新时，这种趋势更加明显。

20世纪60年代早期和中期是一个高度创新的阶段，例如披头士和滚石等乐队出现。也有许多昙花一现的歌手试图效仿他们的成功。在此阶段，《新音乐快递》排行榜前75名中，每年大约有300首歌曲上榜。

到20世纪80年代中期，这一数字已经翻了一番，达到了600首左右，而到了21世纪中期，这一数字更是达到了1000首左右。因此，即使在十年前，转变速度也在急剧上升。歌曲在记忆中留下印记的时间越来越短。还有更多的歌曲在短期内很受欢迎，所以争夺记忆的竞争变得更加激烈。

自从2000年以来，无论是在英国还是在美国，人们对于婴儿名字的选择都出现了急剧上升的"变动率"，即相对受欢迎程度的变化速度。

格格不入 奥默罗德的经济学思维

婴儿的名字可能看似无聊，但博学的美国心理学家史蒂文·平克（Steven Pinker）强调了其文化重要性。名字的选择"概括了人类生活中的巨大矛盾：渴望融入社会与渴望独一无二之间的矛盾"。在过去十年左右的时间里，后者显著增强。休斯敦人类学家亚历克斯·本特利（Alex Bentley）和我发表的论文显示，在20世纪的大部分时间里，人气的转变速度是稳定的，但此后却上升了五倍。

注意力持续时间缩短了，这对人类的社会和经济产生了重要影响。但是，至少对于一些人来说，宾果饮料一直存在。

2015年9月30日

大众文化是不平等的推动力

我们的网络世界正逐渐被反馈和自我强化过程所主导（奥默罗德，2012；沃茨，2002）。一个话题或行为一旦被足够多的人采纳，就会有更多的人采纳，仅仅因为它受欢迎。

奥斯卡奖就是一个很好的例子。在一个高度网络化的世界，结果的极度不平等几乎成了常态。政策制定者几乎还没有开始正视其中的影响。

奥斯卡颁奖典礼又开始了。赢得奥斯卡奖往往是发家致富或者把现有财富变成巨额财富的基础。据估计，杰克·尼克尔森（Jack Nicholson）的身价超过4亿美元，汤姆·汉克斯（Tom Hanks）和罗伯特·德尼罗（Robert de Niro）等影星紧随其后。

即使是没有像上述明星一样立即得到认可的获奖者，其表现也不会太糟糕。小库巴·古丁（Cuba Gooding Jr）最近主演了美国民权电影《塞尔玛》。1996年他凭借《甜心先生》（*Jerry Maguire*）获得奥斯卡最佳男配角奖后，因出演一些受到影评人批评、商业上不景气的电影，而在影坛声名狼藉。但这并没有阻止他的财富增长到4000多万美元。

英超联赛是另一个"成功显著强化成功"的例子。英超联赛最近与天空电视台和英国电信体育频道达成的电视转播协议价值超过50亿英镑。除了投资银行，足球是少数几个实行社会主义的行业之一，几乎公司的所有收入最终都落入我们可能称为工人的群体手中。金融危机爆发前的2007年，仍然是许多人年收入的高点。但是在此期间，英超球员的平均工资从约75万英镑涨到了近

250万英镑。

在某种程度上，富人只会变得更富。这使人很容易忽略了一个事实：从1920年前后到1970年的50年间，西方出现了一场争取收入和财富更大平等的大规模运动。

20世纪下半叶，通信技术使当今世界和以往人类历史之间产生了深刻的差异。20世纪60年代，电视在西方已经基本普及。大量的人可以在同一时间获得相同的视觉信息。当然，互联网极大地提高了几乎整个世界的互联互通性。

技术进步改变了人们对信息的反应方式。社交网络在影响个人选择方面的重要性急剧上升。理性个体仔细筛选所有可用信息的选择经济模型，在许多情况下甚至不再可行。例如，几乎所有谷歌搜索的点击率都出现在前三个网站上。浏览数以千计甚至数百万的网站是根本不可能的。

这意味着自我强化的过程已经建立起来。流行的东西会变得更加流行，仅仅是因为它们流行。由于通信技术的发展，我们知道了什么是流行的。大众文化作为一个包括电影和足球在内的快速增长的经济部门，其收入的高度不平等是不可避免的。

2015年2月25日

艾米莉·索恩伯里的故事，关于
宏观经济政策的启示

　　本节的最后一篇文章是本书下一节宏观经济学内容的过渡。文章强调了叙事在网络社会中的重要性，以及叙事如何在相关的主体网络中传播或包含于相关的主体网络中。

　　工党法律事务发言人艾米莉·索恩伯里已被迫辞去其在影子内阁中的职位。一条显示她不尊重悬挂在工人阶级住宅上的一面巨大英国国旗的傲慢推特被疯传。不过，在此之前，尽管她有着优越的成长环境，她却成功地在工党内部营造了一种出身卑微的说法。

　　这与宏观经济学有着直接联系，在宏观经济学中，围绕某一事件展开的叙述甚至比事实本身更重要。相关案例是英国联合政府创造了财政审慎和稳定的说法。

　　对于艾米莉·索恩伯里来说，这是不幸的一周。这位胸怀大志的伊斯林顿议员被免去了影子内阁总检察长的职务，并遭到社交媒体和传统报纸的大加抨击，因为

她在推特上发布了一张白色面包车和在斯特鲁德的英国国旗照片。然而，这个故事告诉我们更多的是关于感知，关于围绕一个故事出现的叙述，而不是关于事件本身的客观事实。

索恩伯里的辩护理由之一是，她是在地方政府建的住宅里长大的，因此对工人阶级的生活非常熟悉。她确实成功地在工党内部塑造了出身卑微的形象。这对于她在所谓的人民党内崛起成为领袖的亲密盟友并无不利之处。然而，她的维基百科条目上描绘了一幅不同的微妙画面。她的父亲是一位成功的学者，后来成为联合国助理秘书长。她的母亲是一名当地的教师和市长。形象战胜了现实。

她的不端行为是一个更加突出的例子，说明了感知的重要性。英格兰足球队在2014年11月末踢了两场比赛，并赢下了这两场比赛。想象一下，如果英国独立党领袖奈杰尔·法拉奇（Nigel Farage）在推特上发了一张现在很出名的白色面包车以及挂在房子上的三面国旗的照片会怎样。再假设这位前股票经纪人发表了同样的评论："我这辈子从未见过这样的东西。"

现在，我们永远无法确定他当时会是什么反应。但似乎有可能的是，这将被视为爱国主义和对于我们的英国男足队员在球场上的成功的讴歌。相反地，索恩伯里被嘲笑为一个傲慢的势利小人。完全相同的事件，却有完全不同的结果。

宏观经济政策的影响也具有这一特点。围绕某一事件展开的叙述甚至比事实更重要。戴维·卡梅伦和乔治·奥斯本在2010年大选之后，成功地展现了政府在财务上的审慎形象，这是一次成功之举。

更令人印象深刻的是，市场仍然相信他们。政府在2010年前上台时预计，当前财年，即2014～2015财年的借款将略低于400亿英镑。但这一数字正在向1000多亿英镑的水平发展。此外，本财年的前7个月的借款甚至高于2013～2014财年全年的借款。根据英国国家统计局的数据显示，增幅并不大，仅为37亿英镑，但仍在上升，而不是下降。未偿政府债务存量约占国内生产总值的80%，这一数字与西班牙相似。

这种情况下，政府在政治上受到了据称是紧缩计划的影响，而这一计划在现实中几乎不存在。感知和叙述的重要性日益增加，这使主流经济学试图建立机械经济模型的努力受阻。

2014年11月26日

参考文献

[1] Del Vicario, M., Bessi, A., Zollo, F., Petroni, F., Scala, A., Caldarelli, G., Stanley, H. E. and Quatrociocchi, W. (2015) The spreading of misinformation online. *Proceedings of the National Academy of Sciences* 113 (3) : 554-559 (doi: 10.1073/ pnas.1517441113) .

[2] Lucifora, C. and Tonello, M. (2015) Cheating and social interactions. Evidence from a randomized experiment in a national evaluation program. *Journal of Economic Behaviour and Organization* 115: 45-66. (This is the journal publication of the original working paper I read in 2012.)

[3] Ormerod, P. (2012) *Positive Linking: How Networks and Incentives Can Revolutionise the World*. London: Faber and Faber.

[4] Ostrom, E. (2009) Beyond markets and states: polycentric governance of complex economic systems. Nobel Prize lecture (https://www.nobelprize.org/nobel_prizes/economic-sciences/ laureates/2009/ostrom_lecture.pdf) .

[5] Schelling, T. C. (1971) Dynamic models of segregation. *Journal of Mathematical Sociology* 1 (2) : 143-86.

[6] Schelling, T. C. (1973) Hockey helmets, concealed weapons, and daylight saving: a study of binary choices with externalities. *Journal of Conflict Resolution* 17 (3) : 381-428.

[7] Schelling, T. C. (2005) Nobel Prize lecture (https://www.nob-

186

elprize.org/nobel_prizes/economic-sciences/laureates/2005/ schelling-lecture.pdf) .

[8] Watts, D. (2002) A simple model of global cascades on random networks. *Proceedings of the National Academy of Sciences* 99 (9) : 5766-71.

6

宏观经济学

受雇于政府、监管机构和中央银行的大批经济学家，大部分时间都在从事微观经济学研究。他们忙于研究具体刺激措施的影响，思考如何调整特定税率，为各种市场制定规章制度。这是极具影响力的工作。但在大多数情况下，这些工作都是在幕后进行的。

宏观才是经济学的公众面孔。金融城经济学家在电视新闻上发表了他对于刚刚发布的经济数据的看法。对于国内生产总值增长、通货膨胀和公共部门赤字等方面的预测，构成了财政大臣预算声明的核心。

这是英国女王于2008年11月初访问伦敦经济学院时，向这所杰出学院的教师们提出的著名问题的重点。当年9月，雷曼兄弟倒闭后，金融危机几乎达到了顶峰。在学者们汇报期间，女王问道："为什么没有人注意到这一点？"

伦敦经济学院管理中心的研究主任毫不讽刺地回答说："每一个阶段，都有人在依赖别人，而每个人都认为自己在做正确的事情。"

正如引言中讨论的那样，主流经济学内部，对于微

观经济学有诸多共识。但对于诸如某一特定税率变化所产生的实证影响，则可能存在不同意见。但是，分析的方式和解决问题的理论方法会在行业内部得到广泛的认同。

在宏观经济学内部，情况肯定不是这样。事实上，在学术界有一个占主导地位的思想流派。但是，它并不像基于理性选择的思想学派在微观经济学领域那样，在整个行业中获得一致认可。

这些主流模型喜获"动态随机一般均衡"（DSGE）这一华丽并且只有经济学家能够理解的称号。美国学者芬恩·基德兰德（Finn Kydland）和爱德华·普雷斯科特（Edward Prescott）在20世纪80年代进行了这一开创性的工作。因此他们在2004年获得了诺贝尔经济学奖。

对于普通大众来说，动态随机一般均衡模型是看不见的。但它们在中央银行和财政部的影响力非常大。因此，花点时间介绍一些关于它们的基本背景知识是值得的。

动态随机一般均衡模型涉及大量的数学知识。通常情况下，学生们要到本科课程的最后一年才会接触到它们，而且往往要到从事研究生工作时才会接触到它们。动态随机一般均衡模型被认为是经济学的前沿知识。

但几乎令人难以置信的是，动态随机一般均衡模型做出了一个简化的假设，即在整个经济中只有一个主体，在经济学中被称为"代表性主体"。[①]

所有的科学理论都会做出简化的假设。而整个经济中只有一个主体的假设可能被视为走得太远了。如果只有一个主体，我们就不能有两个主体，其中一个是债权人，而另一个是债务人。难怪当信贷和债务变得至关重要的时候，这些模型无力应对金融危机。

在过去的三四十年中，微观经济学在发展更为现实的主体行为研究方法方面取得了长足的进步。具有讽刺意味的是，在同一时期，宏观主流经济学给自己的任务是将一个过时版本的理性主体融合到它们的模型中。

我不是在瞎编，"代表性"主体所面临的基本任务是决定如何最好地在工作和休闲之间分配时间，不仅是现在，而且是在无限的未来。主体的行为完全符合理性行为的原则。

在此不做赘述，该理论模型的一个含义是，主体永远不会失业。在某些时期，主体似乎会失业，原因很简单：主体不工作。但这只是主体在工作和休闲之间做出的选择。

即使在行业内部，一些知名学者也认为动态随机

[①] 最新的版本包括多个版本，但总数仍然很少。

一般均衡模型怪诞不经。例如，保罗·克鲁格曼（Paul Krugman）说过一句名言：这些模型表明，美国在20世纪30年代大萧条（the Great Depression）期间经历的25%的失业率，只不过是大众决定休长假的结果。

尽管如此，这些模型还是被许多经济学家看成是科学认识上的重大进步。例如，芝加哥大学的罗伯特·卢卡斯（Robert Lucas）就是理性均衡宏观经济学界的重要人物。他因利用这种分析方法"改变了宏观经济分析，加深了我们对于经济政策的理解"而获得诺贝尔奖。

2003年，卢卡斯作为美国经济学会主席向该组织发表演讲时宣称，"预防萧条的核心问题已经得到解决"。

奥利维尔·布兰查德（Olivier Blanchard）是国际货币基金组织前首席经济学家。就在2008年9月雷曼兄弟倒闭前三周，他发表了一篇麻省理工学院的讨论稿，对宏观经济学的现状进行了调查。他称赞说，昔日宏观经济学的理论"斗争"已经真正结束了。除了少数不可救药的反对者外，现在每个人都从理性、均衡的行为角度看待宏观经济学。就在世界金融体系几乎完全崩溃的前几天，他还在宣称"宏观经济状况良好"。

布兰查德还指出，动态随机一般均衡模型不仅赢得了学术界的支持，还赢得了中央银行的支持。"几乎所有中央银行，"他写道，"都有一个或想要一个这样的模型。"

我们不妨在这里问一问，中央央行决定采用动态随机一般均衡模型时，是在进行独立、理性的选择，还是仅仅是在相互模仿和跟风。然而事实是，无论他们如何选择，他们都想要一个这样的模型。

令人难以置信的是，这些模型仍在蓬勃发展。自金融危机以来，人们付出了巨大的努力，将足够多的沙子引入这些模型平稳运行的平衡机制，使这些模型能够产生实际的衰退。当女王提出她的问题时，这些模型根本无能为力。

因此，这些模型没能预见危机的到来也就不足为奇了，用引言中引用的欧洲中央银行行长的话来说，在危机期间，政策制定者感到被主流模型"抛弃"了。

在动态随机一般均衡模型痴迷者的圈子之外，宏观经济学内部仍存在诸多分歧。在2008年秋季金融危机最严重的时候，一批经济学家认为应该对银行进行救助，而另一批经济学家则认为应该让银行破产倒闭。而这两批人中都有诺贝尔奖得主。

就当代政策而言，举例来说，政府是否应该放弃"紧缩"政策，增加开支，增加赤字，增加公共部门债务？在利率维持在极低水平的时间创下历史纪录之后，是否应该提高利率？在经济学界，同时存在这些主张的支持者和反对者。

宏观经济学很好地说明了知识的局限性。尽管经济学家们几十年来做出了大量努力，但在理解经济如何在宏观层面运行方面依然没有取得多少进展。

这方面的一个表现就是经济预测的糟糕记录。最近的一个例子是英国财政部在2016年夏季英国脱欧公投期间做出的预测。如果英国投票脱欧，预计到2016年底，失业人数将增加50万。截至2017年年底本文撰写之时，英国失业率实际上已经降至40多年来的最低水平。

想要一位经济预测专家吗？
选一位，随便哪位都行

　　预算责任办公室是2010年至2015年由联合政府设立的独立机构，此机构的作用是为政府提供宏观经济评估。2016年年底，预算责任办公室发布了一组较之前略显悲观的预测，政府因此承受压力。

　　在美国，专业预测者调查的预测记录可以追溯到50年前。[①]即便只提前四个季度，专业预测者对国内生产总值增长的平均预测也与实际为零的增长率之间存在相关性。而且没有迹象表明，预测的准确性会随着时间的推移而提高。

　　经济预测已成为政治领域的一个烫手山芋。英国预算责任办公室的预测，作为财政大臣秋季声明的一部分提出，令政府承受压力。英国预算责任办公室已将未来四年英国国内生产总值增长的预期下调了1.4个百分点。

　　真正的争议在于，英国预算责任办公室对于英国国内生产总值和政府财政状况的悲观预测，已经被推到了英国脱欧的关口。用英国预算责任办公室很简单的一句

格格不入
奥默罗德的
经济学思维

---

① 相关信息可查阅链接https://www.philadelphiafed.org/research-and-data/real-time-center/survey-of-professional-forecasters/。

话来说："任何可能的脱欧结果都会导致潜在产出下降。"产出下降则会导致税收减少和政府财政状况恶化。

公平地说，英国预算责任办公室确实表示，"在当前的情况下，预测的不确定性甚至比正常时期还要大"。但这种不确定性到底有多大呢？

有关经济预测准确性的研究时有发表。最好的预测记录是美国保持的，尽管英国有不太系统的证据表明两国的记录非常相似。

专业预测者调查收集了众多预测者对国内生产总值增长和通货膨胀等变量的预测。他们的数据库可以追溯到近50年前的1968年。仅提前一个季度，这些预测平均而言是完全准确的。"提前一个季度"指的是未来的三个月，所以目前指的是2017年1月至3月。

这种平均准确度掩盖了针对大多数特定季度所做预测的误差，随着时间的推移，这些误差会被逐渐抵消。例如，2008年7月至9月这一季度标志着金融危机大衰退的开始。按年率计算，该季度英国国内生产总值比前一季度下降了1.9%。但专业预测者调查在4月至6月间对7月至9月间国内生产总值的预测为增长0.7%。

专业预测者调查的预测只占平均变化率的25%。当我们提前四个季度——（仅仅一年）预测会更加糟糕。例如，尽管自1968年以来已经经历了26个季度的负增长，但从未有人预测会出现负增长。

随着时间的推移并未有所改善的历史记录显示，在相对平静的时期，仅提前一年的预测具有一定的准确性。但是，当发生重大变化，正是真正需要预测的时候，预测却毫无准确性可言。

在预测界的记录显示预测没有价值的情况下，英国预算责任办公室不应该因为提前4年做出预测而遭到指责。这是乔治·奥斯本在2010年设立这个独立机构时要求他们做的事情。但是提前四年，几乎所有预测都和另一套预测一样，没有好坏之分。

如果废除预算责任办公室，将经济预测的责任交还给财政部，并最终交还给政治家，那结果会好得多。如果他们因为过于乐观而搞砸了，我们至少可以把他们踢出去。

2016年11月30日

凯恩斯不相信预测，真是好样的

预测中的重大错误由来已久，至少可以追溯到凯恩斯本人。

大萧条期间的1933年，凯恩斯在《泰晤士报》撰文，提出了一个非常悲观的观点，并呼吁对政策进行重大改革。但是，几乎就在同一时间，经济开始了非常强劲的自发复苏。

凯恩斯不应该对此感到惊讶。正如我们在"不确定性和知识的局限性"一节中所看到的那样，他本人坚信，做出成功预测有其内在的困难。

此刻，许多人会想起凯恩斯。经济走向的不确定性很大。诺贝尔经济学奖获得者保罗·克鲁格曼不断在媒体上呼吁政府增加支出和增加赤字。

在这种情况下，人们经常会提及20世纪30年代和当时的大萧条。有人断言，当年正是这些政策拯救了我们，所以现在我们也应该采取这些政策。但是很容易理解，这是一个都市神话。

1933年5月，在与今天大致相同的周期阶段，凯恩斯在泰晤士报上写道："信心已经恢复，长期廉价货币政策和短期廉价货币政策（相当于今天英格兰银行的零利率和量化宽松政策）都已确立。"然而，失业率却没有下降。我们到哪里去寻找答案呢？不是在国际领域，因为我们的对外贸易净收支虽然仍然很糟糕，但是已经大幅改善（相当于2007年以来英镑贬值25%导致的净出口增长）。我认为，除了由于我们不再为救济金而借贷以及限制所有公共当局的资本支出而导致贷款支出下降外，我们在其他任何地方都找不到这种情况。

凯恩斯提出了通过减税和增加基础设施建设支出促进增长和降低失业率的方法。他明确表示，他几乎没有时间进行财政受虐，他指出："不幸的是，财政大臣的政策越是悲观，悲观预期就越有可能实现，反之亦然。"不管财政大臣想要的是什么，都会实现！

然而，尽管当时的凯恩斯能言善辩，但并未影响英国或美国的政策。"财政受虐"仍然是政策的主旋律。

当凯恩斯在1933年敦促政府采取增加支出和借贷的政策时，经济形势看起来十分糟糕。1932年，英国实际国内生产总值有所增长，但增幅仅为0.8%。失业率达到了创纪录的14%。

英国经济增长和失业的实际情况见表6-1。

表6-1　英国经济增长和失业的实际情况

项目 年份	国内生产总值 实际增长（%）	失业率（%）
1933年	2.9	12.7
1934年	6.6	10.7
1935年	3.9	9.9
1936年	4.5	8.5

因此，当凯恩斯刚写出这些话，人们对于经济的信心就恢复了。尽管凯恩斯悲观地认为要实现这一目标需要彻底改变政策，但是自发的乐观情绪还是爆发了。经济蓬勃发展，失业率几乎下降了一半。同样的情况也发生在美国，当时其经济增长速度甚至超过了英国，1934年、1935年和1936年，美国的经济增长率分别为7.7%、7.6%和惊人的14.2%。

可持续复苏的关键在于私营部门，尤其是公司。正是这些公司进行创新、投资并创造就业机会。欧洲许多大公司坐拥巨额现金，它们的资产负债表十分稳健。如果企业信心得到恢复，这些现金将被花掉，我们将看到与20世纪30年代中期类似的增长率。

当然，20世纪30年代企业信心复苏并带来繁荣这一事实，并不能保证同样的情况会再次发生。一个稳定的框架是必备的，这一点毋庸置疑。

欧盟委员会以及法国、西班牙和意大利等国需要澄清本国银行的状况。零星出现的坏消息对信心产生了完全负面的影响。我们需要知道真实的情况，无须理会这些国家的统治精英们的自尊和骄傲。

当然，人们通常只希望在有好消息的情况下，医生才告诉他们真相。但是，比起将秘密遮遮掩掩和扭曲事实真相，把所有的事情都公之于众是一个更好的策略。

2012年6月6日

通货膨胀与知识的局限性

世界各国的中央银行都肩负着控制通货膨胀的重任。大约20年前，政策制定者的普遍做法是让这些银行正式独立。英格兰银行就是其中一个例子，当时的财政大臣戈登·布朗将其独立出来。

在这段时间里，通货膨胀率确实很低，许多经济学家宣称这是他们利用专业知识而取得的胜利。

现实情况则完全不同。低通货膨胀是由其他原因导致的，经济学家用来理解通货膨胀的标准理论与经验证据根本不相符。

英格兰银行行长马克·卡尼（Mark Carney）提前遭到了打击。面对英格兰银行又一次未能实现2%的指定的通货膨胀率目标，他在上周的一次演讲中表示自己的职权范围更加广泛。

这位行长表示："我们面临着通货膨胀率高于目标值与支持就业和经济活动需要的，或者说支持就业和经济活动的可取性之间的权衡。"

换句话说，他认为英格兰银行货币政策委员会不仅应该关注通货膨胀，还应该关注经济学家所说的实体经济、产出和就业。

美国联邦储备委员会明确规定，在制定利率时，必须同时考虑通货膨胀和实体经济。英格兰银行绝对不是这样做的。当戈登·布朗在1997年将英格兰银行独立出来时，该行职权范围是明确的。它的目标是确保年通货膨胀率维持在2%的水平。

这一次的通货膨胀率高于英格兰银行的目标。目前通货膨胀水平甚至可能在短期内上升到大约3%，因为英镑疲软推高了进口成本。

但是近年来，通货膨胀率一直低于2%的预期水平，甚至在2015年降至零。

一直以来，英格兰银行的利率基本持平。2009年3月，英格兰银行货币政策委员会将利率下调至0.5%，直到2016年8月才再一次调整，降至0.25%。

从这个角度来看，2009年1月利率降至1.5%，是自英格兰银行在300多年前的1694年创立以来，利率首次低于2%。

因此，无论是在中央银行还是主流宏观经济学家都面临着一个难题，中央银行在理论上是要通过设定短期利率来控制通货膨胀的。自2009年以来，通货膨胀率一直很低。但与此同时，银行利率也一直处于历史低位。

也许更贴切的说法是，尽管实际利率并没有发生改变，但是通货膨胀率每年都在波动，2011年为4.5%，2016年为0.7%。

简言之，不管货币政策委员会的专家们怎么说，怎么做，通货膨胀似乎有它自己的一套运行方式。

通货膨胀确实是一个彻头彻尾的淘气鬼。上文中马克·卡尼的一句话概括了正统经济思维的一个核心概念：通货膨胀与就业和产出之间存在权衡关系。经济增长越快，失业率下降得越快，通货膨胀率就越高。

但从20世纪90年代初开始，在大约15年的时间里，整个西方世界的通货膨胀和失业率都经历了长期的下降。

证据表明，中央银行可以通过调整利率来控制通货膨胀的观点是荒谬的。这是正统宏观经济学知识局限性的又一个例证。

2017年10月25日

一个关于两次危机的故事

我们在20世纪30年代看到了凯恩斯"动物精神"的复苏，这是一种关于未来的更乐观说法在相关网络中的渗透。从过去150年的第二次全球金融危机（21世纪末期的危机）复苏的过程中，也出现了完全相同的现象。[①]

尽管大都市的自由主义评论家对经济复苏的前景做出了悲观的预测，但这篇文章表明，这次的复苏与20世纪30年代的复苏旗鼓相当，甚至在某些方面要好于后者。

十年前，金融危机席卷西方经济体。2007年，英国各地区的国内生产总值增长速度明显放缓。2008年年底，产值直线下降。

经济评论中的一个关键主题是，发达经济体在经济危机后复苏乏力。

然而实际情况并不像往常那样糟糕。英国国家统计局上周宣布，2017年第一季度英国经济增长出现下滑。但从2009年经济衰退的低谷到2016年，英国国内生产总值年均增长2.0%。这并不是十分出色的表现。

但从1973年，也就是油价大震荡的前一年，一直到2007年，英国经济年均增长率仅为2.3%。美国在这两个时期的反差稍大。从1973年到2007年，美国经济年均增长率为3.0%，而自2009年以来，年均增长率为2.1%。

这与20世纪30年代全球金融危机时的情况形成了鲜明对比。这一次的情况有所不同：情况只会越来越好。经济复苏的速度可能慢于预期，但与20世纪30年代大萧

---

① 安格斯·麦迪森的作品是很好的史料来源（例如，麦迪森，1995年；或者浏览网站http://www.theworldeconomy.org/）。

条之后的几年相比，复苏的范围要广泛得多。

一个决定性的指标不仅包括经济增长恢复所花费的时间，还包括经济恢复到之前国内生产总值峰值水平所花费的时间。因此，以英国为例，该国经济在2010年再次恢复增长。但是直到2013年才有足够的增长，使经济恢复到2007年的规模。

纵观包括所有主要经济体和中型经济体在内的18个发达经济体，其中至少8个经济体的国内生产总值在3年内恢复到了以前的峰值。截至2016年，除芬兰、意大利和西班牙之外，其余国家的国内生产总值都超过了以前的峰值。

1930年产出开始下降的三年后，没有一个经济体成功恢复到了1929年的产出水平。即使到了1938年，奥地利、加拿大、法国、荷兰、瑞士和西班牙的产出也都低于1929年的水平。

也许凯恩斯最深刻的见解就是关于为什么经济低迷持续的时间如此之长。他提出了"动物精神"的概念，这不是基于数学对未来做出的预测，而是企业对于未来形成的叙述的情绪。他写道："这种情况的本质在于动物精神的崩溃……这种崩溃可能十分彻底，以至于任何切实可行的利率下调政策都不够缓解这种情绪。"

零利率与低增长！凯恩斯比我们先到达那里。

不过，与20世纪30年代初的危机相比，资本主义在21世纪末的金融危机后的表现要好得多。"动物精神"可能并不活跃，但它们的形态比20世纪30年代要好得多。

2017年5月3日

推动美国经济复苏的是私营部门，
而不是国家

自金融危机以来，已有许多强烈要求"结束紧缩"的呼声。政府应该通过运行巨大的赤字和发行更多的债务以增加和支付政府开支。

然而，有充分的证据表明，考虑到经济的复苏，此举不仅没有必要，而且可能非常危险。

尽管"紧缩"政策一直在持续，但是英国和美国的经济复苏已经开始。

美国经济继续保持强劲势头。广受尊敬且独立运行的美国国会预算办公室认为，2017年美国国内生产总值的实际水平终于恢复到了潜在产出的水平。

潜在GDP水平（又称潜在产出水平）是指在经济资源在充分利用的情况下可以产生的产出量。在以服务和互联网为导向的经济中，对于潜在GDP水平的任何估计都十分困难。

至少在短期内，一家汽车厂或钢铁厂的最大产量是很容易计算出来的。但对于任何与网络相关的企业来说，其限制因素就不那么明显了。

不过，潜在产出的概念还是受到了政策制定者的重视。美国国会预算办公室在推测其实质方面比大多数人做得更好。

根据他们的数据，最近一次实际国内生产总值和潜在GDP水平达到平衡是在金融危机爆发的前一年，即2007年，这至少是有道理的。在经济衰退最严重的2009年，美国国会预算办公室计算出两者之间的差距为6%。这听起来可能不是很多，但以货币计算，则意味着超过一万亿美元。

美国目前的国内生产总值几乎比2007年高出15%，比2009年高出20%。

与此同时，美国就业人数激增，从2009年12月的低点开始，净增就业岗位1720万个。和英国一样，美国的就业人数创纪录高位。

就业增长完全归功于私营部门，私营部门的就业人数增加了1730万人。相比之下，联邦政府和州政府的雇员人数减少了10万人。

输出端的情况同样如此。同样，推动经济复苏的还是私营部门。

与2009年经济衰退的谷底期相比，剔除通货膨胀因素后，公共部门支出减少了2000亿美元。相比之下，私营部门投资增长是该数字的10倍以上，增长了2.1万亿美元。

因此，尽管公共部门受到严格限制，美国经济还是得以从危机中恢复。事实上，这比表现最好的欧洲主要经济体德国和英国还要好。

从21世纪头十年初期美国开始走出衰退期起，证据就一直存在。但这一证据似乎被英国学术界呼吁结束"紧缩"的尖锐声音忽视了。

当然，已有的减税措施刺激了私营部门。但是更长期的风险在于，经济增长的速度将不足以带来足够的收入，从而遏制公共部门债务的增长。

事实上，美国国会预算办公室将这一潜在的债务增长视为美国经济长期增长的重要威胁。美国国会预算办公室认为，增加的公共借款减少了经济增长所需的私营部门投资。

2017年12月6日

削减开支可以是扩张性的

这篇文章是在上一篇文章完成的3年后撰写的，关注的焦点是英国。证据再次支持紧缩可以发展经济的观点（康登，2015；巴罗，1974；艾莱斯纳，阿尔达尼亚，2010）。

乔治·奥斯本经济政策的主要目标一直是消除公共部门的财政赤字。实现这一目标的主要方式是压缩公共支出。正统的经济学教科书坚持认为，这会从经济中抽走需求，从而导致经济增长比原本的速度要慢。

但是这种紧缩的财政政策真的能发展经济吗？乍一看，减少支出可能带来更高增长这一概念似乎有些矛盾。有人可能会说，这是一种自相矛盾的说法——我这里用的是这个词的一般意义，而不是指那些在公投中投了反对票的希腊人。正是这一想法激起了斯蒂格利茨和克鲁格曼以来主流凯恩斯主义者的嘲笑和愤怒。

然而，我们以前也经历过这种情况。1981年年初，英国经济陷入深度衰退，其规模堪比我们在金融危机期间经历的衰退。在当年3月的预算中，时任财政大臣的杰弗里·豪（Geoffrey Howe）将财政赤字削减至国内生产总值的1.5%，按今天的物价计算，约为200亿英镑。

这促使至少364名大学里的经济学家给《泰晤士报》写信表示抗议，解释说这项政策完全被误导了，这样做只会延长经济衰退的时间。事实上，英国经济于1981年开始复苏，1982年实现了2.2%的良性增长率，之后于1983年实现3.9%的增长率。

一燕不成夏。是否还有其他证据? 蒂姆·康登（Tim Congdon）在最近发表于《经济事务》（*Economic Affairs*）杂志上的一篇文章中声称，自20世纪80年代以来，"扩张性财政紧缩"在英国和美国都已成为常态，而非例外。他认为，凯恩斯主义对财政激进主义的支持并没有得到大量近期证据的支持。

仅举一个例子，康登指出，保守党从1994年开始大幅收紧财政，戈登·布朗最初一直将这一做法持续到了2000年。在此期间，英国经济快速增长。

我们有充分的理由相信，削减政府赤字可以刺激而非紧缩经济。早在1974年，哈佛大学的罗伯特·巴罗（Robert Barro）就撰写了一篇经典的论文。论文的标题相当神秘，即"政府债券是净财富吗?"，但这并没有阻止它成为整个经济学领域被引用最多的论文之一。

巴罗本质上认为，一个国家无法通过增加公共债务来让自己变得更加富裕。近期，同样在哈佛大学工作的意大利经济学家阿尔贝托·阿莱西纳（Alberto Alesina）的研究，对欧盟委员会和欧洲中央银行的政策制定产生了影响。

更多的政府支出可以刺激经济这一简单的观点似乎合乎常理。与之相反的观点则更加微妙和复杂。但目前来看占据上风的是后者。

2015年8月12日

在我面前的是一个平民吗？
市场中的现实和认知

叙述在宏观经济学中占有非常重要的地位。另外，英国政府的主要成员之一安德鲁·米切尔（Andrew Mitchell）与守卫唐宁街入口的警察发生了口角。与我们在网络一节中看到的工党政客艾米莉·索恩伯里情况非常相似，米切尔身上带有一股居高临下的架势。他被指控将警察描述为"平民"，这也没有起到什么帮助作用。但是，不管客观事实是怎样的，公众舆论对他不利，他因此被迫辞职。

这篇文章将此事与政府在金融市场上维持自身谨慎和负责任形象的能力进行了比较。尽管英国政府导致公共部门支出的增长，但依旧维持了良好形象。本文引用了莱因哈特和罗格夫有关公共部门债务的研究（莱因哈特，罗格夫，2009年）。虽然在他们后来的一次计算中发现了一个错误，但他们的一般性结论仍然有效。

政府组织秘书长安德鲁·米切尔在唐宁街门口与警察发生口角后，产生了一些麻烦事。事件的核心是客观事实。要么他使用了"平民"这个词，要么他没有；警察要么是喜欢发号施令、刻板得不近人情的小官僚形象，要么就是彬彬有礼的化身。

但是感知比事实重要得多。也许对于米切尔来说，不幸的是他去了拉格比，汤姆·布朗（Tom Brown）在这里度过了学生时代，这里还是傲慢霸道的闪电侠的故乡。

这种完全虚构的背景和这些完全虚构的人物在影响许多人对这一事件的看法方面发挥了重要作用。

在考虑了从英国皇家邮政转移养老金资产等一次性因素后，4月至8月的公共借款实际上比去年同期高出22%。因此，削减赤字的奥斯本实际上导致了政府借款的大幅增加。然而，市场仍然相信他，相信他致力于削减赤字。

在经济政策方面，乔治·奥斯本与埃德·鲍尔斯

（Ed Balls）[1]的政策之间的客观差异微乎其微。奥斯本希望在六年内实现削减赤字的目标。鲍尔斯有一个激进的想法，即在七年内实现相同的目标。

即使提前一年，对公共支出和收入的预测也存在巨大的误差。预计赤字的潜在误差，即这两个数字之间的差异，甚至更大。本财政年度迄今为止的结果表明，要对赤字做出准确预测十分困难。

考虑到预测的潜在错误的大小，无论从哪个角度看，鲍尔斯与奥斯本的策略并没有什么实际区别。然而，鲍尔斯很难在金融市场获得信誉。这说明叙事和感知重于事实。

这一次则不同，卡门·莱因哈特（Carmen Reinhart）和国际货币基金组织前首席经济学家肯·罗格夫有关政府债务的重大研究表明，当公共部门债务与国内生产总值的比率超过90%~100%这一关口时，经济增长放缓和债务违约的双重风险将急剧增加。数据非常清楚地表明，德国人正逐渐接近这一临界值。然而，他们却被视为金融稳定的缩影。

欧洲目前的大量经济政策可以被看作是各种参与者试图让他们对于事件的描述"像病毒一样传播"并主导

———————
① 埃德·鲍尔斯是工党事务经济发言人。

金融市场，几乎不考虑客观现实。

这就是宏观经济学的未来。对于希腊这样一个真正的烂摊子，事实是如此明显，不容忽视。但总的来说，就像安德鲁·米切尔事件一样，它们通常有不止一种解释。感知胜过事实。

2012年9月26日

我的乘数有多大？

2012年前后有关紧缩的全部争论基本上都围绕着乘数的规模展开，乘数这个概念是凯恩斯在1936年的《通论》（*General Theory*）中提出的。

如果经济没有达到充分就业，政府支出增加，从而导致财政赤字，最终会对整个经济的产出产生何种影响？

凯恩斯对经济的理解比他的大多数现代追随者都要深刻得多。他非常谨慎地限定了政府开支增加的潜在影响。

凯恩斯提出心理因素，尤其是"信心"，可能会受到影响，从而抵消政府支出增加带来的影响。具体而言，他表示："在困惑心理盛行的情况下，政府的计划可能会通过其对'信心'的影响而阻碍其他投资。"

但是，尽管在该领域进行了数十年密集的统计工作，乘数的大小仍未确定（劳里等，1978；雷米，2013；巴罗，雷德里克，2011）。在任何特定情况下，其经验值都存在相当大的不确定性。我们可以确定的是，其经验值充其量是低的。

关于财政大臣应该实施B计划、C计划、D计划，还是Z计划的争论十分激烈。选项似乎数不胜数。但其中许多选项都有一个关键的共同主题，即公共支出的增加将提振整体经济的产出。

这是凯恩斯提出的革命性的新思想之一，他称之为"乘数"。公共支出的增加意味着更多的人就业，例如在基础设施建设方面的就业。更多的就业反过来会支出更多的钱，其影响会波及整个经济。最终的影响是最初支出增长的倍数，因此有了"乘数"这个词。

这似乎是常识。但是常识往往会让我们误入歧途。太阳绕着地球转似乎是常识，毕竟它绕着天空转。现代经济学对乘数的大小有何看法呢？

凯恩斯自己认为乘数的大小在2到3之间。因此，公共开支增加10亿英镑，最终将使国内生产总值增加20到30亿英镑。

如果这是真的，那可真是个好消息。支出增加带来的税收约为国内生产总值增长额的40%，20亿或30亿英镑中的40%约为10亿英镑。因此，公共支出创造了就业机会，提高了产出，并为自己埋单。

这里有一个坏消息。现代经济学对于乘数的估计要比2到3这一数值低得多。20世纪70年代末，我参与了对英国经济三大主要宏观经济模型（包括财政部模型）乘数的首次进行系统比较。我们当时估计乘数在0.5到1.2之间。

世界顶级学术期刊之一的《经济文献杂志》在2011年9月发表了一期有关乘数大小的专题论文集。即便是基于凯恩斯主义的美国经济模型，也只是将乘数设定在0.8至1.5之间。而对于像英国这样开放得多的经济体而言，这一数值将会更低，因为在任何支出增长中，都会有较大一部分向（国民经济中的）进口漏出。诺贝尔奖获得者罗伯特·巴罗认为，针对进口量非常低的支出，其乘数约为0.6。

可怜的老乘数，看看它的作用多小！即使是在最乐观的情况下，现代经济学也表明，国民产出的最终增长几乎不会比公共支出的增长更大。许多人估计最终的增长要比预期小得多。造成乘数值小的原因有很多。一些支出向进口漏出。如果利率上升，政府债券的价值就会下降，财富就会减少。经济学本身表明，更多的公共支出并非宣称的灵丹妙药。

2012年9月5日

"产出缺口"：另一篇有关于经济的无稽之谈

除了乘数以外，经济学家在当前政策建议中提出的另一个重要概念缺乏可靠的经验基础。这就是"产出缺口"的概念。

从本质上讲，产出缺口是当前产出水平与经济满负荷运转时产出水平之间的差值。它被用来评估通货膨胀。据称，产出缺口越小，通货膨胀上升的可能性就越大。这有助于形成对利率的看法。所以产出缺口是一个重要的概念。

不幸的是，这在服务型经济，尤其是在互联网经济中，没有多大意义。本文引用的证据表明，即使是一个简单的制造工厂，在任何时候都对什么是产出缺口一无所知（默里，2014；亨德尔，施皮格尔，2014）。

"产出缺口"的概念是主流宏观经济学的核心。这不仅仅是学术兴趣。英国预算责任办公室对估算产出缺口有具体要求，该办公室将"产出缺口"正式定义为"当前经济活动水平与在保持通货膨胀稳定的情况下可维持的经济活动水平之间的差额"。

产出缺口是世界各国中央银行需要考虑的一个关键因素。如果产出远低于其潜力，就应该保持较低的利率水平，从而刺激经济。巨大的产出缺口应该会让通货膨胀保持在较低水平。在经济不景气的情况下，物价很难抬高。

根据经验估算产出缺口困难重重。英国预算责任办公室指出，至少有三种公认的方法可以做到这一点，但对于缺乏高级统计培训的人来说，这些方法都没有意义。

因此，相信这一概念的正统经济学家之间存在着巨大的分歧。然而，就像中世纪关于多少天使可以在针尖上跳舞的争论一样，这些争论在21世纪的经济中意义不大。

经济不是一个物理实体，不能放在天平上称重。国内生产总值必须通过广泛的信息来估算。衡量产出的基本原则是在20世纪三四十年代制定的。

一个主要的问题是，这些原则更适合由商品生产而非服务主导的经济。我们可以计算出已经生产了多少台福特T型汽车。但目前我们还不太清楚谷歌或者Facebook网站的产出是多少。

潜在产出的概念带来的问题更加尖锐。为了拥有仅仅一个客户，许多基于网络的服务会产生大量的固定成本。但是，为第二个客户和所有后续客户提供服务的额外成本实际上为零。在这些情况下，计算潜在产出没有多大意义，其限制是什么可能并不清晰。

美国经济学会最近一期《应用经济学》（*Applied Economics*）杂志对潜在产出的概念进行了有力的抨击。伊加尔·亨德尔（Igal Hendel）和约西·施皮格尔（Yossi Spiegel）记录了一家小型钢铁厂在12年里生产率的变化过程，一直以来该厂都在生产同一种产品，每周7天、每天24小时不间断运转。从国民经济核算的角度衡量产出，熔钢车间几乎是柏拉图式的理想。钢坯这种产品，是一种简单、同质的国际贸易产品。几乎没有劳动力流动，没有新的投资，工厂在一年之中的每一个小时都在运转。

然而，尽管生产条件几乎没有变化，产量却在12年间翻了一番。正如两位作者指出："研究结果表明，即便是在以批量生产为导向的制造业中，产能也没有得到很好的定义。"是时候把潜在产出的概念扔进垃圾桶了！

2014年1月22日

我们的境况比官方统计数字所描述的要好得多

> 在以服务为导向的互联网经济中，衡量产出的方式本身存在着严重问题。国民经济核算的统计人员会收到以当前价格计算的生产和支出信息。他们的任务是计算出有多少变化是由通货膨胀引起的，以及有多少是真正的产出变化。在我看来，产出变化被系统性地低估了，而通货膨胀则被高估了。

这篇文章是围绕刚刚发表的一份关于经济衡量的实质性报告展开的（比恩，2016）。这份报告就是由英格兰银行前副行长查尔斯·比恩爵士（Sir Charles Bean）领导的一批经济学家撰写的比恩报告。

现存最古老的英国地图是近一千年前绘制的。我们的祖先对于如何出行有很好的想法。这个国家被描绘成熟悉的样子。几个世纪以来，人们对西欧以外世界的了解一直很粗略。据说，"这里有龙出没"这个短语被用来掩盖人们对世界大部分地区的无知。

比恩爵士的《英国经济统计数据独立评论》

（*Independent Review of UK Economic Statistics*）已于2016年3月初发表。这是一份令人印象深刻并且论证充分的文件。但它给人留下的显著印象是，我们在衡量经济规模方面的知识并不比最古老的地图绘制者好多少。英国国家统计局知道如何引导我们了解古老而熟悉的经济领域。

比恩报告的第二段明确指出，在充满活力、日益多样化和数字化的现代经济中，准确衡量产出和生产率的难度越来越大，这一情况促使我们进行了这项审查。

一个小故事说明了这一点。2016年3月，我们家的旧洗衣机终于不再工作了。下午，我的妻子上网进行了一番搜索，浏览了一些网站和博客，比较了价格和质量，然后下了订单。多亏了及时的库存控制和大大改善的物流，新洗衣机得以在第二天早上顺利安装并正常工作。

如果在30年前，上述整个过程需要更多的时间和精力。也许是写信索取商品目录，拜访零售商以检查机器，四处奔波比较价格，最后下订单，之后祈祷你所选择的型号不会等上六个星期，然后再找人安装。

节约的这些精力或改善的服务质量都没有出现在国民经济核算之中。国民经济核算只包括零售购买、配送和安装，与30年前的情况完全相同。然而，正如比恩所说，经济统计数据是"在国家和地区层面上监测、理解和管理经济的核心"。

政策制定者面临的一个主要问题是所谓的"生产率难题"。自2009年经济衰退低谷以来，产出增长了12.6%，就业增长了7.0%。因此，生产率（每个工人的产出）的增长仅仅略高于5%，即年均增长不到1%。

以历史标准衡量，这一数字低得可怜，尤其是在经济复苏时期。企业在招工之前需要确保需求在增长，因此就业增长滞后于产出增长，生产率大幅上升。或者说，至少在第二次世界大战以来的每一次复苏中都是如此。

诺贝尔奖获得者鲍勃·索洛（Bob Solow）在90多岁时依然健朗，早在1987年，他就曾有先见之明地指出："除了生产力统计数据，你可以在任何地方看到计算机时代。"我们可以依赖就业数据，因为它是基于预扣英国所得税向英国税务及海关总署的报告。但比恩的报告暗示，我们一直严重低估了数字经济的产出。

2016年3月16日

经济学家对皮凯蒂关于不平等的观点不以为然

主流宏观经济学有很多值得批评的地方。但它也不是一无是处。这篇文章借鉴了剑桥大学经济学家鲍博·

罗索恩（Bob Rowthorn，2014）的一篇优秀论文，该论文同时使用经验和标准理论，对托马斯·皮凯蒂那本受到激进人士赞誉的著作《21世纪资本论》（*Capital in The Twenty-First Century*）进行了猛烈的批评。

金融危机无疑在大众文化中催生了对描绘资本主义负面形象的作品的需求，比如皮凯蒂最近的畅销书。皮凯蒂的著作越来越受到经济学家的关注，而他的论点实际上经不起推敲。

皮凯蒂研究的焦点是资本–收入比率的长期演变。他声称，从历史标准来看，现在这一比率非常高，而且随着21世纪不断向前推进，这个比率还会进一步上升。财富将变得更加集中，不平等将不可避免地加剧。

资本主义不可避免地会导致更大的不平等，这是许多人想要听到的信息。不幸的是，对他们来说，这是错误的。皮凯蒂收集了大量经验证据。这清楚地表明，从1910年前后到1970年，整个西方社会的不平等程度实际上大幅下降了。

皮凯蒂认为，这一时期涉及一些今后不会重复出现的特殊因素。但现代资本主义本质上是在1900年前后的几十年里形成的。一场真正大规模的并购运动开始了，有史以来第一次出现了在全球范围内运营的公司。

因此，全球化的资本主义经济已经有大约120年的历史了。在这一时期的一半时间里，不平等程度下降了；而另一半时间里，不平等程度则上升了。因此认为资本主义总是造成不平等的观点在科学上是一派胡言。

剑桥大学前经济系系主任罗索恩在最近的一篇论文中，对皮凯蒂进行了毁灭性的批判和实证抨击。罗索恩年轻时就成了一名马克思主义经济学专家，因此是评价皮凯蒂著作的理想人选。

皮凯蒂指出，在21世纪初，财富收入比率确实大幅上升，从20世纪50年代和60年代的2～3升至现在的5或6左右。罗索恩用皮凯蒂自己的数据指出，这一增长完全是由于房地产和股票市场的资本收益导致的。按实值计算，这一比率在欧洲一直保持不变，而在美国实际上已经下降。这是高度相关的。

皮凯蒂关于未来的论点中至关重要的一点是，他认为经济增长率将会很低。但是，如果经济增长在几十年里都很低，很难相信房地产和股票价格的增长不会出现逆转，皮凯蒂对财富收入比率的估计将会下降。

从理论上讲，主流经济学对资本-收入比率的演变及其对工资和利润的影响，有很多要说的。皮凯蒂运用了这一理论。但是，正如罗索恩所指出的，该理论的提出是以实际价格为基础，而不是以皮凯蒂用来作为他的经验证据的当前价格为基础。

经济学可能非常有用，尤其是在揭露大众观点的根本缺陷方面。

2014年7月9日

资本主义经济并非不稳定

> 在某些宏观经济学思想里，从某种程度上说资本主义本质上是不稳定的，这一点自金融危机以来表现得尤为突出。这很难与证据相对应。在过去的150年里，只发生过两次全球性金融危机。西方主要经济体的平均失业率一直很低（奥默罗德，2010）。

金融危机确实成功地创造了一个充满活力的新产业。自21世纪末以来，批评资本主义的专栏文章、书籍甚至艺术表演掀起了一股巨大的热潮。巨蟒剧团的创始人之一特里·琼斯（Terry Jones）是最新加入这一行动的人，他创作了纪录片《繁荣，萧条，繁荣》（*Boom，Bust，Boom*）。这部电影利用木偶和动画来论证，以市场为基础的经济在本质上是不稳定的。

电影开头，琼斯出现在华尔街。这位前巨蟒剧团成员庄严地宣称，"这部电影讲述的是资本主义的阿喀琉斯之踵，以及人性如何一次又一次地将经济推向危机"。

这部电影的知识基础是美国经济学家海曼·明斯基（Hyman Minsky）的理论。明斯基认为，推动经济走向危机的一个关键机制是私营部门积累的债务。尽管明斯基从未构建过一个正式的模型，但他的想法显然与2008年崩盘前的情况有关。它们至少值得认真对待。

但生活真的是在模仿艺术吗？资本主义真的像琼斯在电影中宣称的那样不稳定吗？这种观点面临的一个紧迫问题是，在过去150年里，历史上只发生过两次全球性的金融崩盘。20世纪30年代初和21世纪末是全球性金融崩盘的两个阶段。因此，一个大约每75年才发生一次的事件很难成为指控整个系统不稳定的令人信服的证据。

看待资本主义稳定性的一种方式是通过评估劳动力市场这个系统。如果这个系统经常发生危机，平均失业率将会很高。但情况似乎并非如此。

从第二次世界大战结束到20世纪70年代中期的石油价格危机，美国的失业率平均不到5%，英国和德国的失业率不到3%。即便是在从20世纪70年代到2008年9月的危机之前这一更为动荡的时期，这三个经济体的平均失业率也维持在6%至7%。这一数字确实更高，但绝对不是灾难性的，因为凯恩斯本人认为，失业率远低于3%的情况不太可能维持很长时间。

可以说，自1945年以来，国家对经济的干预力度大大增加，正是这种干预使失业率保持在较低水平。但在1870年至1938年期间，失业率与战后的情况非常相似。美国的失业率为7%，英国为5.5%，德国不到4%。

事实上，大多数的衰退都是非常短暂的。自19世纪末以来，70%的衰退仅仅持续了一年。资本主义的显著特征不是它的不稳定性，而是它的弹性。市场不是完美的，但失业率通常很低。危机会发生，但系统会反弹。

2015年4月8日

参考文献

[1] Alesina, A. and Ardagna, S. (2010) Large changes in fiscal policy: taxes versus spending. NBER Working Paper 15438.

[2] Barro, R. J. (1974) Are government bonds net wealth? *Journal of Political Economy* 82 (6) : 1095-117.

[3] Barro, R. J. and Redlick, C. J. (2011) Macroeconomic effects from government purchases and taxes (https://ideas.repec.org/a/oup/

qjecon/v126y2011i1p51-102.html) .

[4] Bean, C. (2016) Independent Review of UK Economic Statistics: Final Report (https://www.gov.uk/government/publications/ independent-review-of-uk-economic-statistics-final-report) .

[5] Congdon, T. (2015) In praise of expansionary fiscal contraction. *Economic Affairs* 35 (1) : 21-34.

[6] Hendel, I. and Spiegel, Y. (2014) Small steps for workers, a giant leap for productivity. *American Economic Journal: Applied Economics* 6 (1) : 73-90.

[7] Laury, J. S. E., Lewis, G. R. and Ormerod, P. A. (1978) Properties of macroeconomic models of the UK: a comparative survey. *National Institute Economic Review* 83 (1) : 52-72.

[8] Maddison, A. (1995) *Monitoring the World Economy 1820-1992*. Paris: OECD.

[9] Murray, J. (2014) Output gap measurement: judgement and uncertainty. Office for Budget Responsibility Working Paper 5.

[10] Ormerod, P. (2010) Risk, recessions and the resilience of the capitalist economies. *Risk Management* 12 (1) : 83-99.

[11] Ramey, V. A. (2013) Can government purchases stimulate the economy? *Journal of Economic Literature* 49 (3) : 673-85.

[12] Reinhart, C. M. and Rogoff, K. S. (2009) *This Time Is Different: Eight Centuries of Financial Folly*. Princeton University Press.

[13] Rowthorn, R. (2014) A note on Piketty's *Capital in the Twenty-First Century*. *Cambridge Journal of Economics* 38 (5) : 1275-84.

关于进一步阅读的几点建议

本章节列出了一些供进一步阅读的建议。

这份名单以一些诺贝尔奖获奖演说开始，这些演说都很好地说明了经济学是如何取得进展的。

我列出了四篇写于20世纪第三季度的文章，在我看来，每一篇文章都对21世纪高度关联的经济的运作方式提供了强有力的见解。

我建议读一本关于经济史的书，重点放在1900年前后，那时巨头公司第一次开始出现，全球资本主义的基础已经奠定。

最后列出的是四篇网络参考文献。其中两篇是为普通读者准备的。

第三篇是2002年的一篇技术含量很高的文章，它是谢林的"外部性的二元选择"模型的第一个真正的现代延伸。从那以后，它给出了一种关于网络中的遏制和扩散的巨大的、高度数学化的文献的味道。

最后一篇也是基于这个领域的现代研究方法。它描述了在进化环境中基于计算机的大型的竞争策略锦标赛。它显示了简单复制策略的优势。虽然这本书内容很多，但主要是用英语写的。

格格不入
经济学思维的奥德罗默

诺贝尔奖获奖演说

[1] Akerlof, G. A. (2001) Behavioral macroeconomics and macroeconomic behavior (https://www.nobelprize.org/nobel_prizes/economic-sciences/laureates/2001/akerlof-lecture.pdf).

[2] Hayek, F. A. (1974) The pretence of knowledge (https://www.nobelprize.org/nobel_prizes/economic-sciences/laureates/1974/hayek-lecture.html).

[3] Kahneman, D. (2002) Maps of bounded rationality: a perspective on intuitive judgment and choice (https://www.nobelprize.org/nobel_prizes/economic-sciences/laureates/2002/kahnemann-lecture.pdf).

[4] Ostrom, E. (2009) Beyond markets and states: polycentric governance of complex economic systems (https://www.nobel prize.org/nobel_prizes/economic-sciences/laureates/2009/ostrom_lecture.pdf).

[5] Shiller, R. (2013) Speculative asset prices (https://www.nobelprize.org/nobel_prizes/economic-sciences/laureates/2013/shiller-lecture.pdf).

[6] Smith, V. (2002) Constructivist and ecological rationality in economics (https://www.nobelprize.org/nobel_prizes/economic-sciences/laureates/2002/smith-lecture.pdf).

[7] Stiglitz, J. E. (2001) Information and the change in the paradigm in economics (https://www.nobelprize.org/nobel_prizes/economic-sciences/laureates/2001/stiglitz-lecture.pdf).

四篇经典文章

[1] Alchian, A. A. (1950) Uncertainty, evolution, and economic theory. *Journal of Political Economy* 58(3): 211–21.

[2] Akerlof, G. A. (1970) The market for 'lemons': quality uncertainty and the market mechanism. *Quarterly Journal of Economics* 84(3): 488–500.

[3] Schelling, T. C. (1973) Hockey helmets, concealed weapons, and daylight saving: a study of binary choices with externalities. *Journal of Conflict Resolution* 17(3): 381–428.

[4] Simon, H. A. (1955) A behavioral model of rational choice. *Quarterly Journal of Economics* 69(1): 99–118.

关于经济史的参考资料：

当世界变得全球化

[1] Chandler, A. (1990) *Scale and Scope: The Dynamics of Industrial Capitalism*. Harvard University Press.

凯恩斯与心理学

[1] Keynes, J. M. (1936) *The General Theory of Employment, Interest and Money*, Chapters 5, 12 and 22 (many editions).

网络及其对行为的影响

[1] Ormerod, P. (2012) *Positive Linking: How Networks and Incentives Can Revolutionise the World*. London: Faber and Faber.

[2] Watts, D. (2011) *Everything Is Obvious: Once You Know the Answer*. New York: Crown Business.

[3] Watts, D. (2002) A simple model of global cascades on random networks. *Proceedings of the National Academy of Sciences* 99(9): 5766–71.

[4] Rendell, L., Boyd, R. and many others (2010) Why copy others? Insights from the social learning tournament. *Science*, 9 April.